KiWi
PAPERBACK
989

## Über das Buch:

»Du bist Deutschland«. Klar. Doch wie kann man über seinen Alltagskram hinaus etwas bewirken? Kann es sich unsere Gesellschaft wirklich leisten, Menschen mit 50, 60, 70 Jahren Lebenserfahrung den ganzen Tag »Mensch ärgere dich nicht« spielen zu lassen? Darf es sein, dass viele Kinder noch nie im Zoo waren? An vielen Stellen läuft die Entwicklung böse aus dem Ruder, und wir müssen etwas tun. Vom illegalen Garten auf einem Brachgelände über den Shop, der kostenlos Business-Kleidung an Hartz-IV-Empfänger verleiht, bis zur rollenden Dorfkneipe, die der Landbevölkerung in strukturschwachen Gebieten endlich wieder die Möglichkeit gibt, sich kollektiv zu besaufen ... Der Friedensnobelpreis ging 2006 an die Grameen-Bank, die Kleinkredite an Frauen in der Dritten Welt vergibt und damit Tausenden eine Existenzgründung ermöglicht. Hier hatte jemand eine geniale Idee. Kein Politiker, kein Entwicklungshelfer, keine Mutter Teresa, sondern ein Bankkaufmann. Solche Ideen liegen in der Luft. Oft klein, unscheinbar, aber auch leicht umzusetzen. Dieses Buch soll Appetit machen auf gute Taten, freche Veränderungen und Ideen, auf die noch niemand gekommen ist. Nicht aus karitativen Erwägungen, sondern mit der ganz egoistischen Erkenntnis, dass Glück und Zufriedenheit entstehen, wenn man für andere wichtig ist.

## Die Autoren:

Jürgen Becker erklärt als Kabarettist die Welt und unterstützt durch Benefizauftritte engagierte Projekte, und er ist über die Vielfalt immer noch überrascht – von Dritte-Welt-Initiativen bis hin zu Jugendzentren, die keiner mehr finanziert. Veröffentlichungen u. a.: »Biotop für Bekloppte«, »Da wissen Sie mehr als ich« (2004), »Ja, was glauben Sie denn?« (2006).
Franz Meurer entwickelt als katholischer Pfarrer im Kölner Arbeiterstadtteil Höhenberg-Vingst ein umfangreiches Netzwerk, das die Lebensqualität dort spürbar erhöht; vom Gabelstapler-Führerschein für Arbeitslose bis zur Weihnachtsbeleuchtung in Armenvierteln – »Wir essen das Brot, aber wir leben vom Glanz«.
Martin Stankowski beobachtet als Journalist die politischen und sozialen Bewegungen von den 70er Jahren bis heute. Früher galt das Kollektiv als Motor der politischen Veränderung, heute denkt er, dass der Einzelne oft schneller mehr bewirken kann. Veröffentlichungen u. a.: »Einen Türken bauen. Alltagsrituale und Redensarten«, »Köln – der andere Stadtführer« (8. Aufl. 2005), »Wir Rheinländer von A-Z« (2006).

Jürgen Becker
Franz Meurer
Martin Stankowski

# VON WEGEN NIX ZU MACHEN

Werkzeugkiste für Weltverbesserer

Kiepenheuer & Witsch

5. Auflage 2008


Gestaltung: Studierende der Köln International School of Design: Judith Dörrenbächer, Andrea Patricia Drechsler, Alexander Drinjakovic-Schlichtmann, Jakob Eichhorn, Jakob Florczyk, Antje Hackstedt, Dennis Hölscher, Patrick Keuthen, Josef Kril, José Pfister, Heike Sinn, Johannes Schott, Jennifer Schubert, Adam Wallat, Daniel Zander; Betreuung: Prof. Dr. Michael Erlhoff, Dipl.-Des. Andreas Wrede
Gruppenfoto: Marc Weber
Autorenfoto: © Manfred Linke/laif
Realisation: Alexander Drinjakovic-Schlichtmann, Jakob Florczyk, Patrick Keuthen, Daniel Zander
Druck und Bindearbeiten: CPI – Clausen & Bosse, Leck
ISBN 978-3-462-03795-1

## Vorwort

Freitags, 10 Uhr morgens, Frühstück bei Pfarrer Meurer. Das war ein Jahr lang unser Termin in Höhenberg-Vingst, einem Arbeiterstadtteil Kölns mit einer hässlichen neogotischen Kirche, aber einer bunten Palette kreativer Aktionen. Gut gegessen haben wir im Pfarrhaus und uns gute Werke ausgedacht, geprüft, verworfen, gelesen und geforscht und immer wieder diskutiert: Was nützt das und wem? Wer kann das schaffen? Allein oder mit anderen? Ist es utopisch oder lächerlich? Und wenn einer das macht: Reibt es ihn auf? Die Frühstückskommission bestand aus drei Menschen mit sehr unterschiedlichen und zugleich sehr ähnlichen Berufen: einem Pfarrer, Franz Meurer, einem Kabarettisten, Jürgen Becker, und einem Journalisten, Martin Stankowski.

Jetzt ist daraus eine Werkzeugkiste mit Ideen und Vorschlägen geworden, immer entlang der Behauptung: Man kann etwas tun! Es lohnt sich! Und vor allem: Was sonst! Die Stimmung links und rechts ist eindeutig. So geht es nicht weiter! Die so genannte Markwirtschaft zeigt längst ihre hässlichen Seiten, grenzt aus, schüchtert ein, produziert nicht nur Arme, sondern zerstört auch deren Würde. Früher haben wir über gesellschaftliche Utopien gestritten und über kollektive Methoden der Gesellschaftsveränderung nachgedacht. Aber es genügt eben nicht, die hässlichen Verhältnisse anzuprangern und sie vom Kopf auf die Füße stellen zu wollen: Wir müssen es selbst tun.

Allein ist besser als gar nicht, und zu zweit besser als allein, und zu dritt und so weiter. Der Anstoß kam aus England, die Erfahrungen haben wir in Deutschland gemacht, vor allem in Köln, und uns bald umgesehen nach anderen Ideen und Vorschlägen. Vom Panter-Preis der taz mit den prämierten »Helden des Alltags« bis zum Wettbewerb der Hamburger Körber-Stiftung »USable«, der Beispiele bürgerschaftlichen Engagements in den USA daraufhin prüft, ob sie auf unsere Verhältnisse übertragbar sind. Einmal auf der Spur, stießen wir in den Zeitungen oder im Internet, in Freiwilligenagenturen, Kirchengemeinden, Künstlergruppen oder Uniseminaren auf Menschen, die die zunehmende Kluft von Arm und Reich, von Teilnahme und Ausschluss an bzw. aus der Gesellschaft nicht mehr akzeptieren.

Natürlich kennen wir die »Gutmenschen«, wie sie abschätzig charakterisiert werden, weil man das ständige Engagement als persönliche An- und Überforderung begreift. Und so haben wir alle Beispiele in unserer Werkzeugkiste daran ausgerichtet, ob der Gutmensch selber etwas davon hat, was er gewinnt an Lebensgenuss, Anerkennung und Zufriedenheit.

Für die graphische Gestaltung und visuelle Umsetzung unserer Ideen haben wir Studierende der Köln International School of Design gewonnen, die sich einige Wochen lang in einem Blockprojekt mit der Gestaltung und dem Buchdesign auseinandergesetzt haben. Für uns zugleich der Vorteil, dass die ersten Leser und Kritiker mit zahlreichen Anregungen, Streichungen und eigenen Vorschlägen junge Menschen waren, interessiert, engagiert und gleichwohl mit völlig anderer Lebenserfahrung als wir drei Autoren.

Ein Buch ist ein Buch mit allen Vor- und Nachteilen des Mediums, wenn man die Welt verändern will. So gibt es daneben und aus dem Fundus der Ideen im Radioprogramm von WDR 5 eine Sendereihe mit praktischen Beispielen und Vorschlägen, gleichzeitig wird ein ebenfalls von den Studenten konzipiertes Internetportal eröffnet, das die Möglichkeit der unmittelbaren Kritik bietet, Vorschläge zu erweitern oder abzulehnen, eigene Erfahrungen einzubringen, und nicht nur der Kommunikation mit uns Autoren, sondern auch der der Nutzer und Leser untereinander dient; und wir haben mit den Straßen- und Obdachlosenzeitungen vereinbart, dass sie die besten Ideen und die, die ihnen wichtig sind, vorab veröffentlichen – kostenlos.

Zu danken haben wir Helga Gau für das kreative Frühstück im Pfarrhaus und Peter Otten für praktische Tipps und Texte, der taz und der Körber-Stiftung sowie den Autoren der Zeitschrift »finger«, dass sie uns durch ihre Sammlungen von guten Werken, die wir auswerten konnten, viel Arbeit erspart und uns auf völlig neue Ideen gebracht haben, der WDR-Kollegin Gaby Kraiczek, den Studentinnen und Studenten der Köln International School of Design und ihren Lehrern Prof. Michael Erlhoff und Dipl.-Des. Andreas Wrede, vor allem aber ALLEN, deren praktische Ideen und gesellschaftliche Arbeit die Basis unserer Texte sind.

Das Buch soll Appetit machen, wie uns das üppige Frühstück im Pfarrhaus. Nicht nur auf Ideen, die in diesem Buch stehen. Appetit auf alles, was besser ist. Ran an den Speck.

Jürgen Becker – Franz Meurer – Martin Stankowski

# ELF
# TIPPS FÜR
# AKTIONSWILLIGE

**1. Ängstlich?**
Keine Sorge: Sie sind damit nicht allein.

**2. Zu schwach?**
Gesellig ist man stark.

**3. Gelangweilt?**
Engagement ist vergnüglich und unterhaltsam.

**4. Egoistisch?**
Helfen bringt die meiste narzisstische Befriedigung.

**5. Egozentrisch?**
Kluge Weltverbesserer wurden alle berühmt.

**6. Profit-interessiert?**
Sie gewinnen Ansehen, Zeit, Freunde, ein kompetentes Netzwerk, viele neue Einsichten, etliche Lernerfolge und eine gesteigerte Selbstwahrnehmung.

**7. Prinzipiell unengagiert?**
Kann sich leicht ändern.

## 8. Phlegmatisch?

Handeln belebt und schafft Interessen.

## 9. Lieber asozial?

Dann aber radikal, zumindest subversiv.

## 10. Überheblich?

Schlecht für den Rücken – Handeln lindert die Schmerzen.

## 11. Optimistisch?

Kein Problem, weiter so.

*Die Autoren des Buches mit den Studierenden und Lehrenden der Köln International School of Design, die dieses Buch gestaltet und diese elf Tipps beigesteuert haben.*

# SCHENKEN

»Ultra posse nemo tenetur – Über seine Möglichkeiten hinaus ist niemand verpflichtet.« (Augustinus)

»Darf ich Ihnen das auf meine Kosten überreichen?« (Hanns Dieter Hüsch)

## Womit bezahlen?

Der russische Dichter Leo Tolstoi erzählt von einem reichen Menschen, der alles hatte und das im Überfluss. Einen Leibkoch, einen Bodyguard, viele Dienerinnen und Diener. Natürlich ein Schloss und andere Immobilien. Einen Fuhrpark mit Nobelkarossen. Er hatte sogar einen eigenen Leibarzt und deshalb vor nichts und gar nichts Angst. Außer … vor dem Tod.

Als es ans Sterben ging, befahl er seinem Lieblingsdiener: Leg mir von meinen hundert Säcken Gold den dicksten in den Sarg. Ich will nicht ohne Geld in den Himmel! Gesagt, getan. Als der Reiche im Himmel ankam, setzte er sich sogleich auf die nächste Wolke. Noch nie hatte er einen so schweren Sack getragen. Er war ganz außer Atem. Und er verspürte Hunger.

Wie er sich so umsah, erblickte er auf der übernächsten Wolke eine Leuchtreklame: »Restaurant zu den sieben Engeln«. Als er näher kam, fühlte er sich in seinem Lebensentwurf auch im Himmel bestätigt. Unter der Reklame war ein kleines Schild angebracht: »Einheitspreis für jede Mahlzeit: eine Kopeke«! (Die Geschichte stammt ja aus Russland!) Ja, dachte er, da habe ich mit meinem Kapital für die Ewigkeit ausgesorgt!

Das Restaurant ging mit der Zeit, es war ein Selbstbedienungsrestaurant. Der Reiche legte auf Teller und Tablett, was ihm zusagte. »Eine Kopeke bitte«, sagte der Engel an der Kasse. »Hier hast du zehn Kopeken«, sagte der reiche Mensch, »der Rest ist Trinkgeld, ich kann es mir ja leisten.«

»Iswenitje«, sagte der Engel, »excuse me, pardon, Entschuldigung! Wusstest du denn nicht, dass man im Himmel nur mit dem bezahlen kann, was man auf der Erde verschenkt hat?!«

## Klassenfahrt

Auch wenn es nur in den Zoo gehen soll – für manche Eltern, zum Beispiel Empfänger von Hartz-IV-Leistungen, ist das kaum erschwinglich. Erst recht eine mehrtägige Fahrt ins Schullandheim. Drei Wege der Solidarität bieten sich an:

Die schwarze Kasse. Es wird der notwendige Betrag pro Kopf errechnet. Dann erhalten die Eltern die Nachricht, dass sie je nach Leistungsfähigkeit ihre Einzahlung erhöhen oder auch vermindern können. Nach dem Kassensturz ist klar: Die Klasse fährt nun genau mit dem Betrag, der vorhanden ist. Für die Kinder ist das ziemlich spannend. Was kommt wohl dabei heraus?!

Kinderarbeit. Entweder einzeln Geld beschaffen oder gemeinsam, indem man Rasen mäht, bei der betuchten Seniorin den Garten aufpeppt, regelmäßig den Hund ausführt, Prospekte verteilt ... Vielleicht lässt die Schulleitung ja für die Generalreinigung des Schulhofes etwas springen – oder der Förderverein. Vielleicht auch eine Anzeige im Lokalblatt – oder bei gutem Kontakt zum Lokalredakteur ein Bericht: Schulklasse sucht Arbeit!

Für die Klassengemeinschaft und den Zusammenhalt der Eltern bringt der dritte Weg am meisten. Was kostet wenig, ist aber gerade am coolsten, spannendsten? Ein Zeltlager auf dem Grundstück eines netten Bauern zum Beispiel oder ein Waldcamp. Die Försterin oder der Förster können dafür die Klasse zwei Tage bei leichten Arbeiten in einer Schonung einsetzen oder beim Säubern des Bachlaufs ... Und welche Mutter oder welcher Vater hat ein ausgefallenes Hobby und stellt seine Kontakte zur Verfügung? Etwa Segelfliegen, also Übernachtung im Hangar.

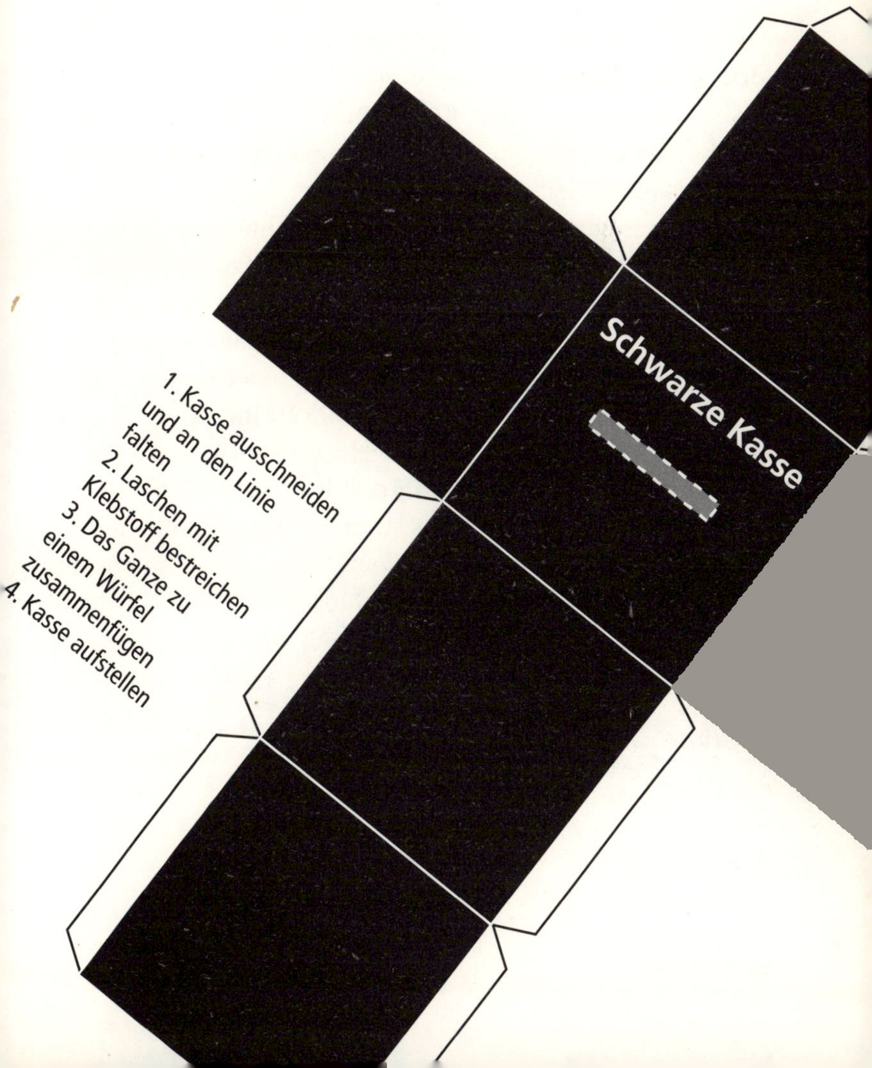

## Doppelter Espresso

Der Kölner Gastronom Gigi Campi erzählte von folgender Idee aus einer sizilianischen Kleinstadt, die vielleicht auch bei uns umsetzbar ist. Dort ist es noch üblich, einen zweiten Espresso zu bezahlen, auch wenn man nur einen getrunken hat. Der zweite ist für einen, der ihn sich nicht leisten kann. Der Wirt notiert die Kaffeespenden, und Menschen, die gerade klamm sind, können dann jederzeit zu ihm ins Café kommen und gemütlich einen Frei-Espresso schlürfen. Alle freut's: Der Wirt hat mehr Umsatz, der Gast ein besseres Gefühl und der Mittellose ein Stück gesellschaftliches Leben zurück. Und die Tasse Kaffee nicht zu vergessen!

## Doppelter Espresso

Der Kölner Gastronom Gigi Campi erzählte von folgender Idee aus einer sizilianischen Kleinstadt, die vielleicht auch bei uns umsetzbar ist. Dort ist es noch üblich, einen zweiten Espresso zu bezahlen, auch wenn man nur einen getrunken hat. Der zweite ist für einen, der ihn sich nicht leisten kann. Der Wirt notiert die Kaffeespenden, und Menschen, die gerade klamm sind, können dann jederzeit zu ihm ins Café kommen und gemütlich einen Frei-Espresso schlürfen. Alle freut's: Der Wirt hat mehr Umsatz, der Gast ein besseres Gefühl und der Mittellose ein Stück gesellschaftliches Leben zurück. Und die Tasse Kaffee nicht zu vergessen!

## Sponsoring beim Taschengeld

In der Nachbarschaft wohnen Kinder, deren Eltern knapp bei Kasse sind, zum Beispiel von Sozialhilfe leben. Menschen, denen es besser geht, geben den Kindern regelmäßig ein Taschengeld – als privates Sponsoring, allerdings mit kleinen Bedingungen.

Das Kind muss dem Sponsor ein »Kassenbuch« über die Ausgaben vorlegen. Der beurteilt zwar nicht, was das Kind mit dem Geld gemacht hat, doch das Kind kann sich seiner »Ausgabenpolitik« bewusst werden. Also wirtschaften lernen. Vielleicht nimmt es den Taschengeldpaten bald auch als Coach und Ratgeber in Anspruch.

Am besten beginnt eine kleine Gruppe im Wohnviertel mit der Idee. So kann der Kontakt zur örtlichen Grundschule aufgenommen werden. Auch die Gruppe der »Jungen Unternehmer« am Ort wird sich interessiert zeigen, vielleicht auch mitmachen, ihnen geht es ja um das Basiswissen, wie Geld und Wirtschaft funktionieren.

Natürlich ist das Einverständnis der Eltern nötig, und wichtig ist ein festes Ritual. Das Geld sollte zu einem festgelegten Termin übergeben werden, zum Beispiel nachmittags in einer Schule. Gut ist, wenn mehrere Sponsoren gemeinsam mehrere Patenkinder treffen. So kann ein Austausch stattfinden: Wofür habe ich mein Geld ausgegeben? Wie spare ich am besten, zum Beispiel für Geschenke? Gibt es vielleicht sogar Zinsen?

Die Sponsoren geben Geld, bekommen aber mehr zurück. Sie investieren in die Kinder und Jugendlichen, die bald für ihre Rente aufkommen sollen. Sie vermitteln etwas Reales, das in der Schule oft zu kurz kommt, nämlich den Umgang mit Geld. So machen sie die Kinder fit fürs Leben. Und spüren Dankbarkeit!

## Spendenkarte

In Skandinavien gibt es Kaufhäuser, die in ihren Kassen ein Spendenkonto eingebaut haben. Man kauft etwa Lebensmittel ein, zum Beispiel leckeren Fisch, und will 5 Euro an Greenpeace spenden. Das passt ja – Fisch und Meer und Greenpeace. Die Spendenkarte gibt es bei Greenpeace, sieht wie eine Scheckkarte aus und wird erst aktiv, wenn man sie zu den Lebensmitteln aufs Band legt. Da wird sie eingebucht, man zahlt 5 Euro mehr, und Greenpeace oder eine andere Organisation, die sich beteiligt, bekommt das Geld am Monatsende von der Kaufhauskette überwiesen.

## Schutzwesten

Es ist leider erwiesen: Kinder aus armen Vierteln werden nicht nur öfter krank, sie verunglücken auch häufiger im Straßenverkehr. Schutzwesten oder Reflektoren, durch die Autofahrer die Kinder schon von weitem sehen können, kosten keine 2,50 Euro, mit Werbeaufdruck etwa 3 Euro. Und ist es nicht für einen Kegelclub, eine Golfgruppe oder einen Theaterring ein schönes Gefühl zu wissen: Dank unserer Reflektoren sind die Kinder sicherer zum Kindergarten oder zur Schule unterwegs?

*Reflektoren für Kinder z.B. bei: www.buxmann.de*

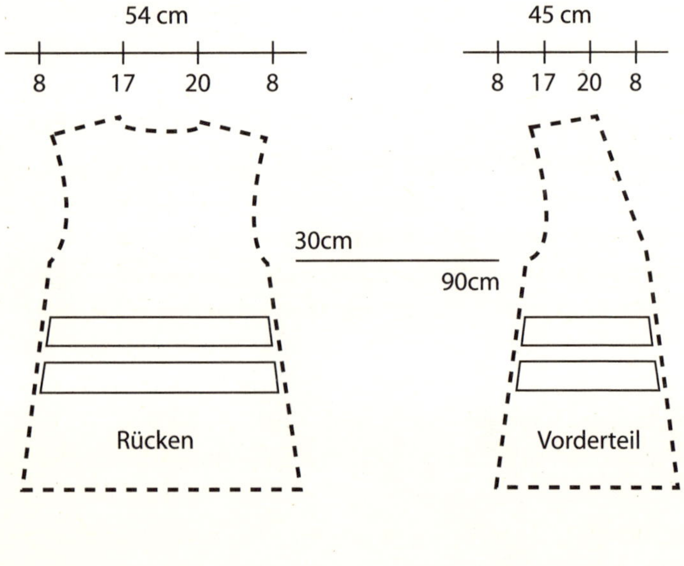

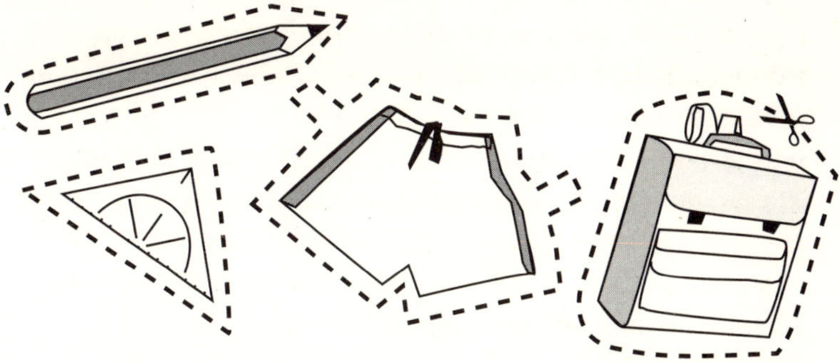

## Schultüte sponsern

Schon bei Schulanfang merken viele Eltern: Wir schaffen es kaum, die notwendigen Sachen zu kaufen – Stifte und Bücher, Hefte oder Zirkel, Geodreieck, Ranzen und Sportbeutel. An dieser Stelle springen Patinnen oder Paten ein und finanzieren eine Erstausstattung. Und warum? Vielleicht sagen sie: Ich kann nicht viel tun, aber Chancengleichheit ist mir ein Anliegen. Ich weiß aus meiner Kindheit, wie wichtig gute Schulsachen sind. Wir sind eine Gruppe, der es gutgeht, und wollen gezielt helfen.

Nehmen Sie Kontakt auf mit den Kindergärten vor Ort. Die Erzieherinnen wissen gut, in welcher Familie der Schuh drückt. Oder bieten Sie einer Grundschule direkt Ihr Engagement an. Unter Umständen erstellt auch ein Lehrer oder die Rektorin Karten mit anonymen Angaben, was einzelne Kinder noch brauchen. Vielleicht benötigt manches Kind Sportschuhe oder auch einen Kurs zur Sprachförderung, es muss ja nicht bei der Erstausstattung bleiben. Auch die Lokalzeitung könnte anonym einzelne »Wunschzettel« vorstellen. So könnte sich etwas von dem abbilden, wovon aus Finnland und anderen PISA-Test-Gewinnerländern berichtet wird: Bildung ist ein Anliegen der ganzen Gesellschaft. Die Schule fühlt sich nicht allein.

## Sicherheit bei Schwarzarbeit

Leider arbeiten in vielen Haushalten Menschen ohne festes Arbeitsverhältnis und ohne Sozialversicherung. Im Volksmund heißt es: »Cash auf die Kralle«, auf Hochdeutsch: »Schwarzarbeit«. Dabei gilt: Ein geringfügiges Arbeitsverhältnis ist nicht teuer. Bei Minijobs bis 400 Euro pro Monat sind für Steuer, Krankenkasse und Rentenversicherung nur 13,7 Prozent des Lohns zusätzlich fällig! Und: Die Aufwendungen sind von der Steuer absetzbar.

Bisweilen sind es ausländische Frauen, manchmal sogar Illegale, die sich in unseren Haushalten mit Putzen, Waschen, Bügeln, zunehmend auch mit Krankenpflege das Geld verdienen, um ihre eigene Familie daheim zu unterstützen. In wohlhabenden Stadtvierteln deutscher Großstädte leben Schwarzarbeiterinnen aus Osteuropa inzwischen manchmal mit im Haushalt der oft Hochbetagten. Sie nehmen das Gefühl der Einsamkeit, ersparen manchen der Alten das Seniorenheim und entlasten deren erwachsene Kinder. Oft ermöglichen sie Familien mit Doppelverdienern durch die Delegation von Haus- und Familienarbeit überhaupt erst die wirtschaftliche Existenz. Diese

»cosmobile« Unterschicht hat keinerlei Vertretung in Gewerkschaft oder Politik, das ist der Skandal, aber sie existiert, das ist die Realität.

Wer dennoch schwarzarbeiten lässt, sollte mindestens eine Unfallversicherung für die »Beschäftigung von Personen im Privathaushalt« abschließen. Wenn jemand von der Leiter fällt oder gar aus dem Fenster, erst dann wird manchem klar: Die meisten Unfälle passieren im Haushalt und nicht auf der Straße! Diese Versicherung ist billig, zum Beispiel 30 Euro pro Jahr beim Rheinischen Gemeindeunfallversicherungsverband. Vor allem: Die Versicherung gilt auch bei Schwarzarbeit. So ist die Putzhilfe gesichert – und man selber auch!

*Maria S. Rerrich, »Die ganze Welt zu Hause. Cosmobile Putzfrauen in privaten Haushalten«, Hamburg 2006*
*www.minijobzentrale.de*
*www.unfallkassen.de*

## Gemeinsam Arbeitgeber sein

Was sich die meisten Menschen wünschen, wird immer seltener: eine geregelte, sozialversicherte Arbeitsstelle. Was indes immer mehr vorkommt, sind Jobs ohne irgendeine Versicherung, häufig Putzstellen, die schwarz bezahlt werden. Da wird folgendes Modell interessant: Mehrere Haushalte tun sich zusammen und stellen jemanden gemeinsam ein, zum Putzen, Einkaufen, für den Garten, für die Kinder oder für die Betreuung. Mit Lohnsteuerkarte, Sozialversicherung, Urlaubsgeld und allem Drum und Dran. Davon haben alle was, und die Kosten kann man neuerdings sogar von der Steuer absetzen.

## Fleischwurst für die Kleinen

Beim Metzger gab es früher für Kinder immer eine Scheibe Fleischwurst. Für lau. Heute geht man zum Vertrauensmetzger, aber die Frei-Wurst ist aus der Mode gekommen. Vielleicht, weil viele Kinder zu dick sind? Weil es zu wenig Kinder gibt? Oder weil sie nicht mehr vor der Fleischtheke stehen, sondern vor der Videospiel-Konsole? Wie auch immer – die Fleischwurst für die Kinder war ein Stück Gesellschaftskultur, und davon könnte man sich auch heute wieder eine Scheibe abschneiden, warum nicht gleich mit großer Geste? Auf Straßenfesten, Gemeindefeiern, in Gaststätten, in öffentlichen Verkehrsmitteln, auf Minigolfplätzen, im Kino, im Schwimmbad – warum sagen wir nicht einfach: »Für Kinder ist hier alles umsonst!« »Es ist uns eine Ehre, Familien mit Kindern zu unterstützen!« Einen Versuch wäre es wert. Vielleicht sinken ja noch nicht einmal die Einnahmen, weil es plötzlich wieder mehr Eltern gibt.

Familien mit Kindern sind arm dran. Im Wortsinn. Sind es gar drei Kinder und mehr, so reicht ein normales Einkommen gerade für das Nötigste. Oft droht Sozialhilfe. In anderen Ländern wie Italien oder Frankreich stehen die Kinder im Mittelpunkt – bei uns oft am Rande.

Nun ist es sicher sinnvoll, große Lösungen zu suchen: steuerlicher Lastenausgleich, Vorkindergarten, Elterngeld usw. Vor Ort lässt sich aber mit einem kleinen Umdenken schon viel erreichen, und klar wird: Kinder sind erwünscht! Deswegen zahlen für die Kinder alle gemeinsam, nicht nur die Eltern. Im Sinne einer negativen Steuer: Für Kinder ist ganz einfach alles umsonst. Im Sinne von unentgeltlich. Also Limo und Würstchen beim Straßenfest. Also eine Spielkarte zum Umhängen für alle Buden und Stände und Spiele und Verpflegung beim Schulfest. Auf der Karte wird abgehakt, was die Kinder »erledigt« haben: Kinder lieben diese Ordnung im Miteinander! Es gilt nicht: »Hier verkehrt, wer verzehrt.«

Ihre Leistung haben die Eltern schon erbracht, indem sie für die Gesellschaft, also für alle die Kinder großziehen. Als Anerkennung, Dank und Profit gibt es eben nicht nur Kindergeld und Steuervergünstigungen, sondern lokal und im Viertel und im Verein für Kinder alles umsonst. Insgesamt wird eh alles schöner, wenn Kinder dabei sind!

Kleiner Test für Kinderlose: Rechnen Sie einmal durch, was Ihr Restaurantbesuch, Kinoeintritt, Kirmesbummel … mit drei Kindern kosten würde. Da wächst gleich Ihr Respekt vor der Leistung der Familien.

*Die AWO-Jugend hat hierzu eine eigene Kampagne gestartet: www.eine-fehlt-noch.de/armut.php*
*Eine Initiative verknüpft übers Internet Spender und Empfänger von Kindersachen: www.kinder-armut.de*
*Übrigens: Kinder unter 15 Jahren reisen in Begleitung ihrer Eltern, Großeltern oder deren Lebenspartner bei der Deutschen Bahn umsonst: www.bahn.de/kinderkostenlos*

In Köln gibt es das Tätigkeitswort »fringsen« für den Mundraub bzw. den leichten Diebstahl. Das geht auf eine Silvesterpredigt des Kölner Erzbischofs Josef Frings im Jahre 1946 zurück, der angesichts der elenden Verhältnisse und schlechten Zeiten davon sprach, dass »sich der Einzelne wird nehmen dürfen, was er zur Erhaltung seiner Gesundheit notwendig hat, wenn er es auf andere Weise nicht erlangen kann«. Das Wort des Hirten wurde von den Rheinländern begeistert aufgenommen, hat es doch eine alte, wenn auch verschüttete katholische Tradition.

So gab es früher die Redensart »Crispinus machte den Armen die Schuh und stahl das Leder auch dazu«. Gemeint war ein römischer Heiliger namens Crispinus, der im 3. Jahrhundert im französischen Soisson lebte und als Schuster seinen Lebensunterhalt verdiente. Die fromme Legende erzählt, dass er bisweilen den Armen die Schuhe kostenlos besohlte, dafür allerdings das Leder klaute. Es ist kein Wunder, dass dieser Crispinus zum Schutzpatron der Schuster, Sattler und Gerber wurde – der laxe Umgang mit fremdem Eigentum war immer populär.

## Crispinus / fringsen

## Patenschaften

Frau K. war Schulleiterin, ihr Mann ist Neurochirurg. Die Idee kam Frau K. beim Frühstück, als sie in der Zeitung von einem engagierten Pfarrer las und seinem »Patenprojekt«. Man kennt ja Patenschaften für Kinder in der Dritten Welt, aber dies ist eine Aktion vor Ort, in der eigenen Stadt. Das war vor fünf Jahren, und seitdem ist Frau K. das Scharnier zwischen Menschen, die regelmäßig jeden Monat Geld geben, und Menschen, die es genauso regelmäßig erhalten – obwohl sich die einen und die anderen nicht kennen. Alles läuft über die pensionierte Lehrerin.

Ein 16-jähriges Mädchen aus Turkmenistan zum Beispiel, das mit Mutter und zwei Geschwistern Asyl bekam und hier zu Schule geht. 50 Euro bringt ihr Frau K. im Monat, manchmal legt das Mädchen das Geld auf die hohe Kante, für eine Klassenfahrt oder teure Bücher, für die die Familienkasse nicht reicht, oder sie kauft etwas »für sich«, einen Pullover oder eine Bluse. Der monatliche Besuch bei den »Patenkindern« ist wichtig. Frau K. erfährt mehr über die Familie, kommt in die Wohnung: »Ich kann sie beraten, wenn ich sehe, was Sache ist.«

Oder ein älterer Mann, der seine kranke Frau pflegt, den Einkauf macht, den Haushalt, oder auch andere besucht, die ebenfalls bettlägerig sind und denen er vorliest. Er raucht gern mal eine Zigarre oder würde sich gern etwas gönnen, für sich allein, aber dafür fehlt das Geld. Frau K. bringt ihm jeden Monat 50 Euro, die sie von einer Professorin erhalten hat.

Sponsoren und Empfänger kennen sich nicht, lediglich ein-, zweimal im Jahr gibt es einen Brief, einen Bericht oder in seltenen Fällen auch mal ein Foto. So geht die Information zwar hin und her, aber niemand muss »Danke schön« sagen. Nur die Agentin weiß Bescheid, gibt das Geld weiter und erstattet Bericht. Fast hundert solcher Patenschaften betreut Frau K., mit Beträgen zwischen 10 und 150 Euro im Monat. Manche Paten finanzieren das für ein Jahr, viele auch länger.

Absicht der Aktion ist, die Eigenkräfte zu stärken durch eine Finanzspritze, einen Anschub in einer misslichen Lage. Besonders stolz sind die Paten, wenn es ihr jugendliches »Patenkind« etwa bis zum Abitur oder zu einem Berufsabschluss schafft. Josef Beuys hat das Bild der »sozialen Wärmeskulptur« erfunden. Genau das macht die Patenschaft: Sie stellt Wärme und Energie zur Verfügung, ohne selbst in Erscheinung zu treten.

## »Heute Sperrmüll«

Leider haben viele Städte unsinnigerweise die Tradition aufgegeben, einmal im Monat in den Stadtvierteln den Sperrmüll abzuholen – wodurch viel Müll übrigbleibt, der sich doch früher zum Großteil über Nacht selbst entsorgte. Heute muss jeder Haushalt individuell einen Termin für die Abholung vereinbaren. Diesen kostspieligen und trostlosen Unsinn kann man sehr gut unterlaufen, indem man beispielsweise alle zwei Monate in seinem Stadtviertel oder in seiner Straße an Bäumen und Laternen große, offiziell aussehende Schilder anbringt, auf denen für den nächsten Montag oder Mittwoch eine städtische Sperrmüll-Sammlung angekündigt wird.

Man wird staunen, wie viel von dem, was »Müll« genannt wird, als durchaus brauchbar in der Nacht eingesammelt wird.

## Mitnehmecke

Irgendein Tisch im Treppenhaus oder im Büro, oder eine Ecke auf der Mauer an der Straße: Hauptsache, dort kommen Menschen vorbei und du legst deine ausgelesenen Bücher oder ein altes Radio bzw. deine Kaffeemaschine, die du nicht mehr willst, dort hin. Es kann auch ein Hut sein, ein Gürtel oder eine schöne Mokkatasse. Nichts, was brauchbar ist, landet im Müll, und du wirst sehen, wie schnell das weg ist.

## Neues Lächeln

Die Idee hatte der Zahnarzt Martin Ahrberg aus Darmstadt, da er Menschen in sozialer Notlage kostenlos zu einem neuen Lächeln verhelfen wollte. Er sanierte die Gebisse von sieben Obdachlosen aus Darmstadt und konnte weitere Ärzte begeistern. Er gewann Mitstreiter seiner Idee und gründete mit drei weiteren Ärzten, zwei Anwälten, einer Dentallabor-Inhaberin, einer Fußpflegerin und anderen Engagierten Anfang 2005 den Verein: »Die Gesundheitsengel«. Seitdem behandeln einmal wöchentlich drei Mitglieder des Vereins (Orthopäde, Fußpflegerin und Frauenarzt) in der örtlichen Diakonie Obdachlose. Drei Zahnärzte sowie ein Dentallabor sanieren zusätzlich die Zähne von sozial schwachen Darmstädtern. Im Jahre 2006 war Martin Ahrberg einer der Preisträger des taz-Wettbewerbs »Panterpreis – Helden des Alltags«.
*www.die-gesundheitsengel.de*
*www.taz.de/pt/.1/etc/panter06/panter*

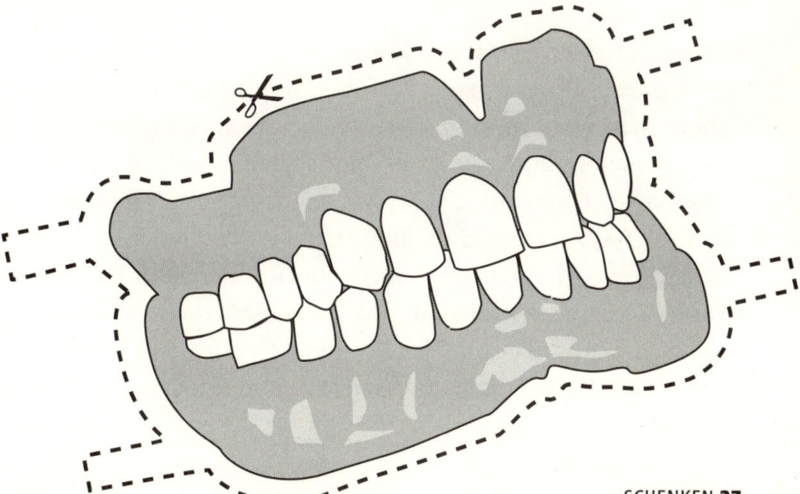

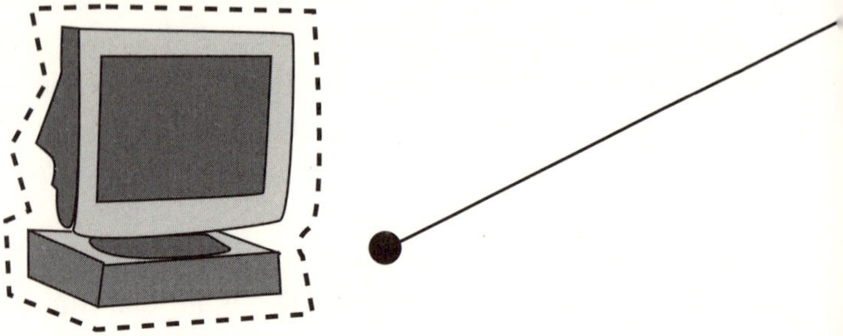

## Aufrüsten für die Nachbarn

Während der eine Teil der Gesellschaft über immer schnellere Internetanbindungen verfügt, können sich viele Menschen noch nicht einmal einen Computer leisten. Nun geht es kaum noch ohne, und die Folge ist, gerade ärmere Gesellschaftsteile geraten noch weiter ins Abseits. Dagegen könnte man zum Beispiel die Benutzung des eigenen Computers anbieten, zeitweise und betreut, oder man könnte sein W-Lan tunen und so die Flatrate auch dem Nachbarn zugute kommen lassen (ist aber illegal!) oder zumindest seinen alten Computer verschenken. Zum Surfen reicht es allemal ...

## Die neue Puppe

Es gehört zu den Skandalen dieser Gesellschaft, dass Kinderspielzeug, insbesondere Puppen, stets einer Normalität von »gesund« und »sauber« entsprechen. In einem Projekt der Kölner Designprofessorin Uta Brandes (zum Thema »Provokation und Design«) entwickelten Studentinnen Puppen mit deutlich sichtbaren »Behinderungen«, stellten diese sehr präzise gefertigt her und gaben sie auf Spielplätzen an kleine Kinder weiter. Diese spielten ganz begeistert damit, bis dann die entrüsteten Eltern kamen und sich furchtbar beschwerten. Also könnte es gut sein, die Produktion solcher Puppen anzuregen.

Die Spielzeugfirma Mattel, Hersteller der Barbie-Puppe, bietet in den USA auch die Puppe Becky an, die im Rollstuhl sitzt; in Europa ist die Figur nicht zu erhalten.

# ZEIGEN

»Wer es macht, hat die Macht.« (Franz Meurer)

»Alles, was du hast, hast du von einem andern.
Alles, was du bist, bist du von einem andern …
nur deine Gänsehaut ist von dir selbst.«
(Herman van Veen)

## Generationenkonflikt ist schön/ Leihomas und Projektopas

Der Handel entdeckt die Seniorinnen und Senioren! Sie haben mehr Kaufkraft als die bisher umworbene Altersgruppe 25 bis 49. Sie haben auch mehr Zeit. Immer mehr ältere Menschen haben aber keine Enkel – oder die sind schon so groß, dass sie die Betreuung durch Oma und Opa ablehnen – außer beim Sonntagsgeld.

Verreisen, Kuren, Wellness-Touren sind für viele nicht das Alleinseligmachende. Ein zeitlich klar begrenztes Engagement kann für aktive Alte das Salz in der Suppe werden. Beispiel: Leihoma oder Projektopa. Diese bieten ihre Zeit an, in den Ferien etwa ein Angebot auf dem Spielplatz oder im Jugendzentrum: ein Kurs in Fahrradflicken und Fahrradpflege. Oder: Wie baue ich ein Baumhaus sicher? Wie geht Stricken wirklich? Wie male ich ein Bild, auf dem die Perspektive stimmt? Erste Hilfe von Kindern für Kinder! Noch besser, wenn es eine Tierärztin gibt: Erste Hilfe für Haustiere. (Da kommen garantiert die Eltern mit.)

Natürlich bietet sich auch das traditionelle Angebot an: Oma oder Opa stellen sich einer Familie für bestimmte Zeiten zur Verfügung. Damit Mama in Ruhe einkaufen kann, zum Friseur, zur Freundin. Oder Papa ins Stadion. Oder bei Krankheit der Eltern.

Günstig ist eine Agentur im Viertel, die vermittelt. Natürlich von SeniorInnen selbst organisiert. Und garantiert stellt die Wohnungsbaugesellschaft oder die Kirchengemeinde für das Büro einen kleinen Raum zur Verfügung, wenn sich privat nichts anbietet.

*www.leihomas-leihopas.de*

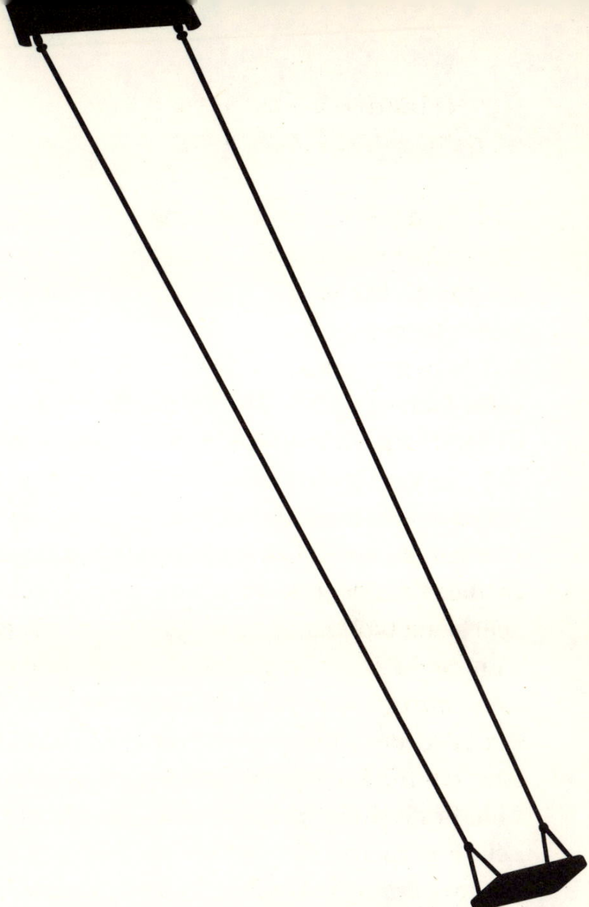

**PROJEKTOPA** FLICKT FAHRRAD
**LEIHOMA** KORRIGIERT DIE HAUSAUFGABEN

## Oberwasser durch Untermieter/ Rentner sucht Student

Viele kennen das: Kinder aus dem Haus, Mann oder Frau verstorben, und irgendwann sitzt man alleine in einer zu großen Wohnung. Man könnte umziehen in eine kleinere, aber eigentlich hängt man an seinem Zuhause und wünscht sich nur mehr Leben in der Bude. Einige Rentnerinnen und Rentner haben für sich eine Lösung gefunden: Der gute alte Untermieter kehrt in Gestalt einer Studentin oder eines Auszubildenden zurück. Da er wenig Geld hat, freut er sich über das Angebot: Statt Miete zahlt er mit Zeit! Einmal die Woche Schach, zweimal Frühstück und dreimal Einkaufen, schon ist das Zimmer bezahlt. Wer glaubt, junge Leute haben keine Lust, sich mit alten Menschen die Wohnung zu teilen, irrt. Momentan gibt es in der Kartei von »Wohnen für Hilfe«, einem Projekt der Seniorenvertretung der Stadt Köln und des AStA der Kölner Uni, einen Überschuss an Studenten. Manche »Wohnpartnerschaft« geht auch wegen falscher Vorstellungen auf beiden Seiten wieder in die Brüche. Doch dies wiegt nicht auf, was an Freundschaften entstehen kann, wenn nur eines stimmt: die Chemie.

*www.wfh-koeln.de*

**RÜSTIGER RENTNER VERMIETET ZIMMER AN STUDENT/IN.**

**ZEIT STATT MIETE: FÜR EINKAUFEN, RASEN MÄHEN, GARDINEN AUF- UND ABHÄNGEN, KATZE FÜTTERN.**

**CHIFFRE: »WOHNEN FÜR HILFE«**

## Im Kino spielend die Welt verändern

Wer ins Kino geht, tut sich selbst was Gutes, und wenn er noch jemanden mitnimmt, der nicht so oft vor die große Leinwand kommt, diesem auch. Verändert der Kinogänger die Welt? Na ja, ein kleines bisschen.

1. Kino im Filmtheater ist Begegnung mit Kultur. Heimkino mit DVD-Player oder Fernsehen ist Konsum, Fastfood. Der Kinogänger bereitet sich vor, überlegt, mit wem er gehen möchte, entschlüpft den Alltagskleidern, wählt den Film aus, informiert sich. Im Kino kommen viele Filmfreunde zusammen. Rituale werden genossen: Popcorn und Getränk. Welcher Platz ist angenehm? Mitte oder Gang? Vorne oder hinten?

2. Kino schafft Gemeinschaft in Distanz. Der Kinogänger lernt etwas Wichtiges: Unter Umständen sehen Hunderte dasselbe, setzen sich gemeinsam den Emotionen aus. Eine Geschichte kann viele Menschen verbinden, indem sie am selben Schicksal Anteil haben. Das ist im Kinosaal sprachlos-knisternd-atemlos spürbar. Was den einen begeistert, ärgert den anderen. Kino schafft ein Gemeinschaftserlebnis, ohne dass die Zuschauer ineinander aufgehen. Es ist unsere Geschichte, aber es bleibt mein Film.

3. Kino schafft spielend Begegnung mit dem, was im Leben bedeutsam ist. Im Kino gibt es ein halbes Dutzend Themen, die in Varianten immer wiederkehren: Geburt und Tod, Liebe und Hass, Gott und Teufel, Krieg und Frieden, Anfang und Ende, gemeinsam und einsam. Im Schutz der Geschichte wird der Filmfreund damit vertraut. Mit den Augen kann er sich langsam herantasten, er wird konfrontiert, ohne genötigt zu werden, und übt sich

spielerisch ein in die Welt der wesentlichen Dinge. Der Kinogänger beginnt, Haltungen zu entwickeln: zu seiner Liebe, seinem Gott, seinem Hass und sogar zu seinem Tod. Sicherlich trifft das ähnlich auch auf andere Bereiche zu, auf Musik und Theater, Literatur und Malerei. Wenn wir uns also vornehmen, nie mehr alleine ins Kino (ins Konzert, ins Theater) zu gehen, sondern immer mindestens einen Menschen mitzunehmen, verändern wir die Welt im Kleinen. Ein Cineast nimmt einen Frischling mit. Ein Museumsgänger einen Banausen. Man muss ja nicht gleich von Patenschaft sprechen, es reicht oft, den Türöffner zu spielen.

# KINO$^2$

## Girls-Group/Die Tante erklärt die Welt

»Ich bin Online-Redakteurin bei einem großen Unternehmen im Bereich der Telekommunikation. Mein größter Fehler ist meine Ungeduld, aber ich bin gerne schnell, und meistens macht mir die Arbeit Spaß. Aber sie ist nicht alles, und sie füllt mich keineswegs aus. Ich möchte etwas Sinnvolles machen. Das meine ich ernst.

Seit einiger Zeit betreue ich eine Mädchen-Gruppe – eine »Girls-Group«, vier Mädchen, 16 oder 17 Jahre alt. Vier Mädchen, klein und zierlich, kräftig und trotzig, mit scheuem Lächeln, mit Blaue-Augen-Blick. Am Ende der Pubertät, voller Hoffnungen und Träume, aber auch mit einer ernüchternden Realität konfrontiert. Niemand wartet auf sie, wie erfolglose Bewerbungen zeigen.

Ich denke, ich bin wie eine ältere größere Schwester für sie, die es geschafft hat. Oder wie eine Tante, die vorbeikommt, ab und zu. Das ist etwas anderes als eine Freundin. Ich möchte sie beraten. Nein, ich möchte, dass sie von mir etwas lernen, wenn sie wollen: ein bisschen Lebenswissen und Kultur. Vor allem: ein bisschen Frau-Sein.

Einmal in der Woche treffen wir uns. Zunächst habe ich mit dem begonnen, was ich am besten kann. Ich habe sie mit dem Computer vertraut gemacht. Wir haben Bewerbungen geschrieben und in Rollenspielen Einstellungsgespräche trainiert. Ich hoffe, dass ich die Mädchen mit meiner direkten Art nicht verstöre. Ich halte mit meiner Meinung nämlich nicht hinter dem Berg und sage genau, was ich denke. Alles andere hat keinen Zweck.

Für die Mädchen war es am Anfang komisch, mit einer Erwachsenen regelmäßig Zeit zu verbringen. Eines Tages werde ich ihnen sagen, wie sie es vermeiden können, von ihrem nächsten Freund ausgenutzt zu werden. Wie Liebe selbstbewusst und ohne falsches Opfer funktioniert.

Neulich habe ich alle ins Theater eingeladen. Manche waren noch nicht oft dort. Aber warum soll ich ihnen nicht Orte zeigen, die mir selbst viel bedeuten? Sie waren aufmerksam und neugierig, ein bisschen schüchtern und still. Sie haben sich fein angezogen und waren stolz.

Jemand hat das tätige Solidarität und praktischen Bürgersinn genannt. Darüber habe ich noch nie nachgedacht. Ich habe ein gutes Gefühl und ein bisschen weniger schlechtes Gewissen, weil ich von dem abgeben kann, wodurch ich groß geworden bin. Außerdem habe ich einige Verehrerinnen.«
*www.girls-day.de*
*www.pcfrauen.de*

## Baustelle des Lebens/Fahrradwerkstatt

Mehr oder weniger rüstige Rentner bieten in dem Souterrain-Raum, den mit Sicherheit die Wohnungsbaugesellschaft zur Verfügung stellt, einmal pro Woche Fahrrad-Reparieren an. Am besten zuerst getrennt für Kinder und Jugendliche. Ein Grundstock an Ersatzteilen und Material kommt zum einen aus den eigenen Beständen, zum andern sponsert dies die Genossenschaft, Sparkasse oder ein Unternehmen gern, weil so was ja sehr publikumswirksam ist.

Natürlich kann daraus eine Dauereinrichtung werden. Wer also in der Fahrradwerkstatt seine Erfüllung als Mechanikus findet, mag bleiben. Vielleicht kommt ja auch genug Werkzeug zusammen, das jeder daheim und einzeln hat, dass man mit einem Werkzeugverleih weitermachen kann. Es können aber auch Kurse für Fahrradreparatur angeboten werden: Fünfmal basteln, dann kommt die Polizei und prüft die Sicherheit der Zweiräder. Dafür hat die Polizei eigene Leute. Viele Kinder und Jugendliche haben einfach nicht das Geld, um ordentliche Ersatzteile zu kaufen. Und häufig können nicht einmal Abiturienten ein Fahrrad flicken.

Alle haben was von einer solchen Fahrradwerkstatt. Durch die Begegnung von SeniorInnen und Jugendlichen/Kindern verbessert sich das soziale Kleinklima im Quartier. Das Fahrradthema ist jederzeit ein Anlass für Fachsimpelei und Gespräche.

RADSTATION * FÜR * JUGENDLICHE * RENTNER *

Johanno Strasser, Denker der SPD, fordert für ein gedeihliches Zusammenleben in urbanen Vierteln, die von Wohnblocks geprägt sind, viererlei: Treffmöglichkeiten für Jugendliche, Räume, um mit der Nachbarschaft zu feiern, Spielflächen für Kinder – und eine Quartierswerkstatt, also Raum, damit die Menschen reparieren, werkeln können. »Basteln« nennen wir das, und »bricoler« sagt der Franzose. Es klingt nach »Baustelle des Lebens«.

*www.wissenschaft-technik-ethik.de/clausthal-zellerfeld-fahrradwerkstatt.html*

## Radioballett

Plötzlich bleibt jemand stehen und beginnt, seltsame Körperbewegungen zu machen. Kopfschüttelnd wendest du dich ab. Doch er ist nicht der Einzige. Zehn Meter weiter macht eine Frau die gleichen seltsamen Bewegungen, und da noch eine und weiter hinter noch mehr Leute. Alle führen synchron die gleiche Bewegung aus. Das Ganze nennt sich »Radioballett« und war zum ersten Mal im Mai 2002 im Hamburger Hauptbahnhof zu sehen. Später auch in München zur Nato-Sicherheitskonferenz und in Heidelberg zum G8-Gipfel oder in Nürnberg als feministisches Radioballett.

Es geht dabei um Zerstreuung und um eine gemeinsame Übung in unnötigem Aufenthalt. Dabei werden im Bahnhof z.B. Gesten »erforscht« zwischen der Begrüßung, der Handreichung oder der bittenden Geste beim Betteln. Und genau das macht den Unterschied zwischen Erlaubt und Verboten im öffentlichen Raum aus, ob man das darf in einem Bahnhof oder rausgeschmissen wird. Jeder der Teilnehmer hat ein kleines Radio dabei, das über einen der freien lokalen Sender die Anleitung oder den Rhythmus vorgibt.

Das Radioballett behindert die Passanten nicht, sondern irritiert durch seine Gleichzeitigkeit. Zum Mitmachen sind keine tänzerischen Fähigkeiten notwendig, denn Ziel ist nicht der individuelle künstlerische Ausdruck, sondern die wiederholte Bewegung in der Grauzone von erwünschtem oder zwielichtigem Aufenthalt in der Öffentlichkeit.
*www.kreativerstrassenprotest.twoday.net*

## Hurra, wir leben noch!/Friedhofsbar

Friedhöfe sind neben Orten der Trauer längst ökologische Oasen in den Großstädten geworden, mit seltenen Pflanzen und Tieren, aber auch Refugien der Ruhe und Entspannung. Und das Schöne an diesen innerstädtischen Parks: Sie sind völlig frei vom Druck der Werbung, der öffentlichen Hektik und bis auf gelegentliche Radfahrer auch von Verkehr. Es fehlt eigentlich nur eine Ecke mit Café und Kiosk, vielleicht ein kleiner kulinarischer Treff für Menschen mit viel Zeit, die sich hier erholen.

Für viele sind Friedhöfe Orte des Gesprächs, der Kommunikation und der Kontakte mit Menschen, die ebenso viel Zeit und Muße haben. Und es kann passieren, dass plötzlich aus Ruhe, Entspannung und Muße wieder Erregung, Anspannung und Lebensfreude werden. Wenn man endlich auf den Menschen stößt, den man bisher nicht kannte, aber immer gesucht hat. Dann sind die grünen Oasen Kontakthof und Treffpunkt für das neue Leben jenseits von Trauer. Es fehlt dazu nur die Kaffeebar.
*www.uni-protokolle.de/nachrichten/id/22697*

IN FRIEDEN
RUHEN UND
MIT FREUNDEN
FEIERN.

## Abrazos gratis

Wahrscheinlich gibt es das auch in anderen Orten, wir fanden es im Spätherbst in Madrid auf der Plaza Mayor. Da liefen etwa zwanzig Menschen sehr unterschiedlichen Alters mit selbst beschriebenen großen Papptafeln herum, auf denen nur stand: »Abrazos gratis«, also »Umarmungen umsonst«. Was zu fröhlichen Umarmungen führte und die Stimmung auf dem ohnehin lebendigen Platz noch belebte. Niemand Offizielles stand dahinter, weder Kirche noch Sekte oder eine Versicherung. Einer hatte einfach damit angefangen, und andere machten mit.

Henning Scherf, der frühere Bremer Bürgermeister, der jeden, aber wirklich auch jeden umarmt, dem er begegnet, wäre ein guter Pate für diese Idee.

*www.abrazosgratis.org*

## Banküberfall/Die Bank gegenüber

Meist stehen Bänke in Parks und auf öffentlichen Plätzen weit voneinander entfernt – und sind ohnehin stets nur nebeneinander aufgereiht. Als seien sie Monumente gesellschaftlicher Sprachlosigkeit. Also ist es gelegentlich sehr vernünftig, eine Bank aus ihrer Verankerung zu heben und sie in gebührendem Abstand einer anderen Bank gegenüber wieder aufzustellen. So lernt man sich besser kennen, wird gesprächiger und handelt gesellig. Man sollte lediglich darauf achten, dass die Bank auch in ihrer neuen Stellung fixiert werden kann.

## Show des Scheiterns

Die »Show des Scheiterns« ist eine Vortragsreihe, bei der Freiwillige von Vorhaben und Projekten erzählen, die nicht zustande kamen. Ob kommerzielles, künstlerisches oder Freizeitprojekt: Einer hat sich z. B. mit einer Geschäftsidee herumgeschlagen, ein anderer mit einem unvollendeten Roman und ein Dritter mit einem anfälligen Entwässerungssystem für den Garten. Auch wenn sich die meisten danach frustriert oder gar als Versager fühlen, die Botschaft lautet: Scheitern ist etwas Sympathisches, für das man sich nicht zu schämen braucht. Im Gegenteil: Nur wer etwas versucht, kann auch scheitern. Es braucht Mut, über schlechte Erfahrungen zu sprechen, aber dann ist es eine Chance zur Veränderung.

Die »Show des Scheiterns« ist eine Idee der Berliner Gruppe »Kulturmaßnahmen«, die sich auf die Beobachtung und Inszenierung zwischenmenschlicher Kommunikation spezialisiert hat. Mit der »Show des Scheiterns« geben sie dem Phänomen des Scheiterns ein angemessenes Forum. Es geht beileibe nicht darum, das Publikum auf Kosten des Misserfolges anderer zu unterhalten. Hier ist der Vortragende ein mutiger Pionier. Er kann mit etwas Abstand sein Projekt reflektieren, sich durch das katharti-

sche Ritual der »Feierlichen Vernichtung« vom Ideen-Ballast befreien und einen generellen Beitrag dazu leisten, das gesellschaftliche Verhältnis zum Thema Scheitern zu entspannen.
*www.show-des-scheiterns.de*

## Adoptet/Pateneltern in Afrika

Die Berliner Künstlerin Gudrun F. Widlok vermittelt seit 1997 Europäern, die unter familiärer Bindungslosigkeit leiden, Pateneltern in Afrika, Asien und Südamerika. Mit einem mobilen Büro bietet sie eine Anlaufstelle für Menschen, die neben Arbeit und Großstadtaktivität aufgehört haben, ein Familienleben zu führen, sich aber dennoch nach Geborgenheit und Zugehörigkeit sehnen. In dem Büro, das in Ausstellungs- und Projekträumen kurzfristig installiert wird, kann man sich bewerben, beraten und registrieren lassen. Von jeder Person wird ein Foto gemacht und in einer Katalogbox gesammelt. Mit dieser Sammlung fuhr Gudrun F. Widlok Anfang 2003 nach Burkina Faso und Ghana/Westafrika, präsentierte die Fotos der Bewerber in einer Ausstellung, in der sich Interessenten die Person auswählten, für die sie die Patenschaft übernehmen wollten. Die Gestaltung der neu eingegangenen Verbindungen überlässt die Initiatorin den Beteiligten und begleitet sie – soweit möglich – dokumentarisch. Erste Ergebnisse dieser Reise wurden bei verschiedenen Festivals gezeigt. Wer auch eine Familie sucht, kann sich jederzeit registrieren lassen.
*Mail an: widlok@gmx.de*
*www.adopted.de*

# Maxime

*Roger Willemsen erzählt:*
*»Vor Jahren sollte ich anlässlich einer Klosterweihe im Norden Indiens den Dalai Lama interviewen. Seit Wochen waren die Mönche aus dem alten Ladakh unterwegs, Menschen mit reinen Gesichtern und großer Fröhlichkeit. Ich saß auf einem Stein, nervös, wie sich die Begegnung mit dem ›Gottkönig‹ anlassen könne. Zufällig gerate ich mit einem der alten Pilger ins Gespräch. Er sagt ganz lapidar, aber so, dass ich es nie vergessen habe: ›Sorgen Sie sich nicht. Der Dalai Lama will immer, dass es einem nach der Begegnung mit ihm besser geht als zuvor.‹ So wurde diese Begegnung tatsächlich, und heute habe ich mir diese Maxime, für die man keinen spirituellen Hintergrund braucht, zu eigen gemacht. Sie wirkt. Nach außen wie nach innen.«*

# LESEN

»Nichts hilft gegen den Schrecken der wortlosen Dinge so sehr wie die Worte.« (Toni Morrison)

»›Von deiner Geburt kannst du dir niemals selbst erzählen‹, heißt ein Essay von Umberto Eco. Natürlich nicht. Denn die Sprache erfinden wir nicht selbst, sondern bekommen sie geschenkt von Eltern und Geschwistern und allen, die mit uns sprechen.« (Franz Meurer)

## Du liest Deutschland

Osnabrück hat eine. Dresden auch. Hamburg schon lange, und München erst recht. Vom nordfriesischen Niebüll bis Friedrichshafen am Bodensee sind sie zu finden: Vorleseprojekte, die Kindern die Lust am Lesen vermitteln. Zahlreiche engagierte Bürger haben sich von der Idee anstecken lassen. Sportler, Hausfrauen oder Politiker, Prominente und Medienstars, Vorruheständler und Studenten, sie alle hat das Vorlesefieber gepackt. Ihr Trägerverein heißt: »Deutschland liest vor«.

Sie lesen zu festen wöchentlichen Terminen und an gut zugänglichen Orten wie Bibliotheken, Jugendeinrichtungen, Kindergärten oder Schulen. Die Vorleser schenken ihren jugendlichen Zuhörern persönliche Zuwendung und sind wichtige Vorbilder. Denn Vorlesen ist aktive Sprachförderung, trainiert Konzentrationsfähigkeit, vermittelt Wissen und regt die Phantasie an. Viele Kinder erleben Lesen nicht mehr als Vergnügen und haben enorme Schwierigkeiten mit Büchern, damit sind Schulprobleme und Nachteile bei der Berufsausbildung verbunden. PISA lässt grüßen. Deshalb wenden sich die Vorleser gezielt an Kinder, die ohne Bücher aufwachsen, gehen an die sozialen Brennpunkte. In den kleinen Vorlesegruppen können die Kinder ihre Deutschkenntnisse verbessern, sie lernen das Hörverstehen, das inhaltliche Erfassen von Texten, und sie entdecken die Schätze der Literatur.

*Wie man eine Vorlese-Initiative aufbauen kann: »Abenteuer Vorlesen. Ein Wegweiser für Initiativen«, hrsg. von Cem Özdemir, edition Körber-Stiftung, Hamburg 2002 www.lesen-in-deutschland.de*

## FRÜH- UND SPÄTLESE

*Jürgen Becker erzählt:*

*»Früher engagierten Arbeiterinnen und Arbeiter in Zigarrenfabriken einen Kollegen aus ihren Reihen als Vorleser, der ihnen in den langen Stunden ihrer monotonen Arbeit aus Romanen vorlas. In Kuba gibt es das heute noch. Ein beliebtes Buch war dort etwa der ›Der Graf von Monte Christo‹ von Alexandre Dumas, woher die bei Zigarrenliebhabern beliebte ›Monte Christo‹ ihren Namen hat. Aus der Berliner ›Association der Cigarrenarbeiter‹ entstand später eine der ersten Gewerkschaften, die heutige NGG, die ›Gewerkschaft Nahrung Genuss Gaststätten‹. Hier wird die Tradition des Vorlesens immer noch hochgehalten.*

*So wurde ich eingeladen, am 17. November, dem offiziellen ›Tag des Vorlesens‹, mit einem Buch in der Hand die 5. Klasse einer Hauptschule zu besuchen. Ich erinnerte mich an ein Buch, das ich im Alter von zehn Jahren sehr mochte, ›Die Abenteuer der schwarzen Hand‹ von Hans Jürgen Press, eine Ratekrimiserie, ursprünglich in den sechziger Jahren auf der Kinderseite des ›stern‹ veröffentlicht. Sie kam meiner damaligen Leseunwilligkeit entgegen, da sich eine Textseite immer mit einem Suchbild abwechselte. Und tatsächlich, das Buch war immer noch zu haben.*

*Die Bildseiten auf Folie kopiert, besuchte ich die städtische Hauptschule in Köln-Bickendorf, tief verunsichert, ob das in Zeiten von Computerspielen nicht schwer in die Hose geht. Doch nach wenigen Minuten erwies sich die Kombination aus Lesung und altmodischer Spurensuche am Overheadprojektor als durchschlagender*

***Erfolg. Die 36 Schüler aus fast einem Dutzend Nationen waren mit Eifer dabei und strahlten, als stünden Klinsmann, Weihnachtsmann und Xavier Naidoo in einer Person vor ihnen. Vielleicht war es einfach die Freude, dass sich jemand ›von draußen‹ für sie interessiert und sich Zeit nimmt. ›Kommst du wieder?‹ Schwarze Hand aufs Herz: Wer kann da nein sagen?«***

## Eine Stadt liest ein Buch

Die Idee kommt aus Amerika. Ganz Los Angeles las »Jenseits von Eden« von John Steinbeck, und in Chicago lasen sie »Wer die Nachtigall stört« von Harper Lee. Die Bürger sprachen darüber, trafen sich organisiert oder einfach so. Dazu kamen Lesungen, Ausstellungen.

In Deutschland griffen einige Städte die Idee auf. Vorher hatte sie schon in Stadtvierteln und Kirchengemeinden begeisterte Aufnahme gefunden: die Idee, Literatur nicht nur einsam zu goutieren. Hamburg hat z.B. »Die Entdeckung der Currywurst« von Uwe Timm gelesen und Rotenburg an der Wümme »Oskar und die Dame in Rosa« des Autors Eric Emmanuel Schmitt.

Ziemlich sicher wird die örtliche Buchhandlung, ein literaturbewegter Sponsor oder auch der Verlag eine Anzahl Bücher stiften, damit auch Schulen einfacher mitmachen können. Oder es gilt das Tandem-Modell: Wer sich das Buch, um das es geht, kauft, bezahlt gleich eins mit für die, denen es zu teuer ist.

*Tipps zur Organisation gibt der Börsenverein des Deutschen Buchhandels: www.buchnrw.de/downloads/CH_050819_einestadtliest.pdf*

## Befrei dein Buch/Bookcrossing

»U-Bahnhof Johannisthaler Chaussee – Öffentliches Schwimmbad in der Ganghofer Straße – Bezirksamt Neukölln – Bushaltestelle an der Flughafenstraße 81 – Hype Gallery im Café Moskau«. Das sind nur einige der Berliner Ortsangaben, die man bei bookcrossers im Internet findet. So etwas gibt es in zahlreichen anderen Städten überall auf der Welt. Menschen lassen an öffentlichen Orten ein Buch liegen mit einer Buchnummer, per Hand oder Etikett angebracht, einem Vermerk für den Finder und der Bitte, doch im Internet zu melden, wo er das Buch nach Lektüre wieder ablegt, und vielleicht auch, wie es ihm gefallen hat.

Bücher nicht verstauben zu lassen, wenn man sie gelesen hat, das ist die Idee, die ein amerikanischer Computerfreak vor einigen Jahren hatte. Hunderttausende beteiligen sich inzwischen am Freilassen der Bücher und verfolgen mit Spannung, welchen Weg sie nehmen. Autoren und Buchhändler haben anfangs befürchtet, das schade ihren Verkäufen, doch im Gegenteil hat es das Interesse für Literatur bei den Buchjägern geweckt, sie lesen mehr und vor allem, sie tauschen sich aus über die Bücher.
In den USA ist bookcrossing inzwischen das größte Literaturforum nach amazon.

www.bookcrossers.de

## Heimatliteratur: Die Internationale Bibliothek

Es ist erwiesen: Am besten lernt eine Fremdsprache, wer seine eigene Sprache gut beherrscht. Und es gilt: Lesen macht schlau! Viele Menschen, die aus dem Ausland kommen, bringen nur wenige Bücher mit. Und sie haben oft kein Geld, um neue zu kaufen. Die Lösung ist die Bibliothek: mit Büchern in ihrer Muttersprache! Am besten direkt im Quartier, vielleicht im Bürgerzentrum, bei einer Kirchengemeinde oder als Teil der Stadtbücherei. Für Menschen aus Russland zum Beispiel, die oft schon älter sind, bietet sich vielleicht ein Seniorenzentrum an. Als ersten Schritt empfiehlt sich herauszufinden, wie viele Ausländer oder Menschen mit Migrationshintergrund im Viertel wohnen. In Großstädten wissen das die statistischen Ämter sofort. Der zweite Schritt ist der Kontakt zu Vereinen ausländischer Mitbürger: Wie ist der Bedarf, und welche Bücher fehlen? Wahrscheinlich ist das Interesse groß!

Nun ist Phantasie gefragt: Ein Aufruf in der Zeitung – wer stellt Bücher in der jeweiligen Sprache zur Verfügung? Oder der Ankauf von Literatur im Heimatland; das ist oft recht billig zu machen. Wahrscheinlich kommen schnell viele Bücher zusammen, wenn die Menschen erfahren, dass sie Zugang zu Literatur in ihrer Muttersprache und vielleicht auch zu anderen Medien haben, wenn sie selber etwas spenden. Interessant wird es, wenn es in einer solchen Bibliothek Bücher aus den unterschiedlichsten Ländern und in verschiedenen Sprachen gibt.

## Promis auf die Straße/Straßenzeitungen

Ein Vorschlag für Promis, Künstler und Journalisten, für Verlage und Künstleragenturen: Verschenken Sie Interviews samt Titelfotos bekannter Zeitgenossen an Straßenzeitungen! So wie Joanne K. Rowling. Sie hat den Vorabdruck eines ihrer »Harry Potter«-Romane kostenlos Straßenzeitungen in aller Welt überlassen.

Bei uns heißen sie »Abseits« oder »Asphalt«, »Die Jerusalemmer«, » Die Straße« oder »fifty-fifty«, »Straßenkreuzer«, »Strohhalm« oder »Tagessatz«. Diese Blätter werden auf der Straße verkauft oder in der U-Bahn, von Obdachlosen, die sie auch herausgeben, schreiben und redigieren. Und ganz wichtig: Sie sind zugleich deren Einkommensquelle. Deshalb auf dem Titelblatt der Satz: »Die Hälfte des Preises erhält der Verkäufer.« Die neuen Straßenzeitungen kamen zuerst in den USA auf als Sprachrohr und Lobby der Obdachlosen und werden inzwischen auch hier mit Erfolg in Selbsthilfeprojekten produziert. Über dreißig sind es insgesamt in Deutschland mit einer Gesamtauflage von einer Viertelmillion.
*www.soziale-strassenzeitungen.de*

× Notfalls Fanpost schreiben
× Soziales Engagement immer gut fürs Image
× Auf 250.000 Titelseiten, und das ganze Land spricht darüber.

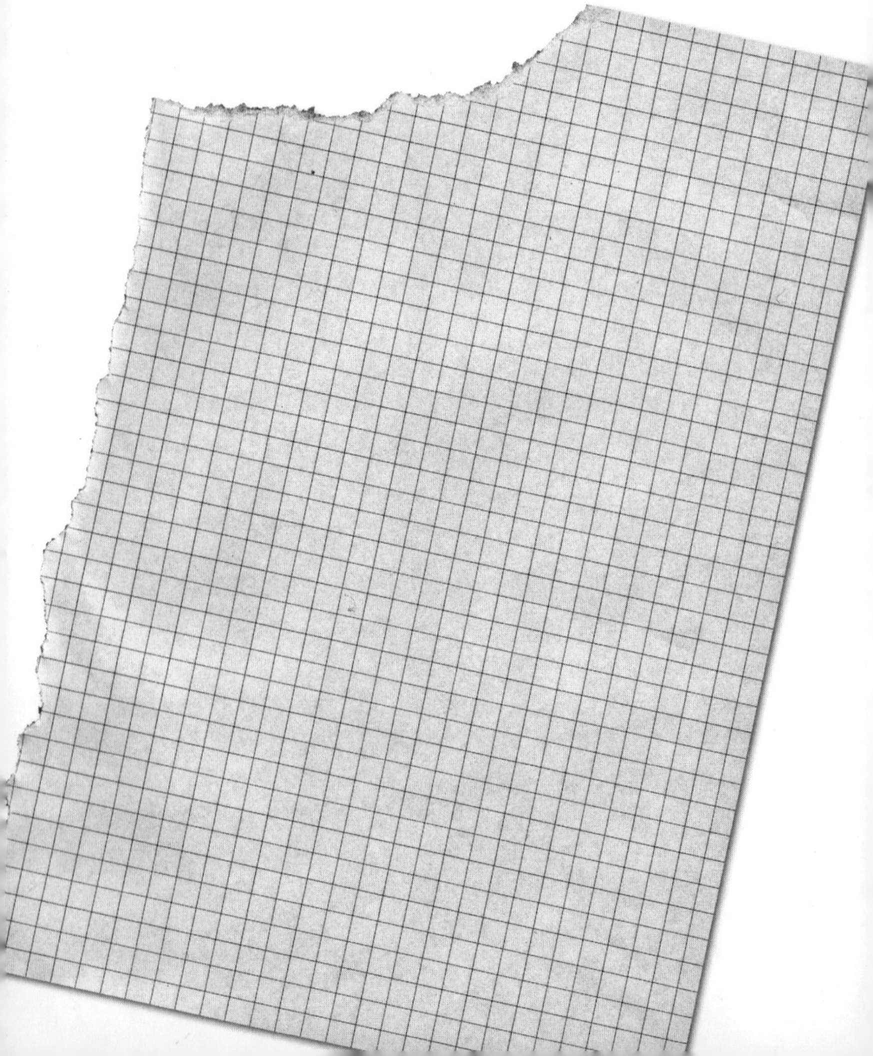

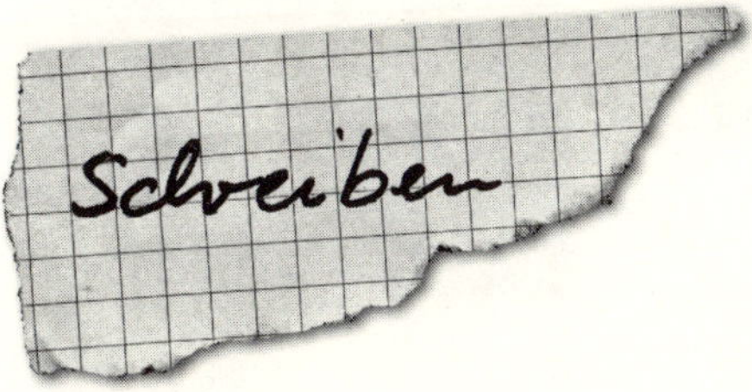


»Buchstaben lesen ist in der Evolution nicht vorgesehen. Es war eine der ungeheuerlichsten geistigen Entwicklungen des Menschen, Sprache in Schrift zu formulieren«, behauptet der Medizinpsychologe Ernst Pöppel.

Gabriel García Márquez stellt seiner Autobiographie »Leben, um davon zu erzählen« diesen Satz voran: »Nicht was wir gelebt haben, ist das Leben, sondern das, was wir erinnern und wie wir es erinnern, um davon zu erzählen.«

## Pauker-Post

»Lieber Lehrer …«, so beginnt ein Brief, dreißig Jahre nach dem Schulabschluss an den ehemaligen Klassenlehrer gerichtet, den man seitdem nie mehr gesehen hat. Aber man hat ihn in Erinnerung behalten. Man weiß noch, wenn man darüber nachdenkt, wie er die Klasse betreten und gegrüßt hat, vielleicht fallen einem noch Details ein, der Anzug, die Körperhaltung oder wie er seine Tasche abgestellt hat. Vor allem aber der Unterschied zu den anderen Lehrern und deshalb ja die Erinnerung, an das, was er bedeutet, gegeben und erzählt hat. Und jetzt, zwanzig oder dreißig Jahre später, schreibe ich diesem Lehrer aus heiterem Himmel einen Brief. Danke dafür, dass er mich erzogen, unterrichtet und mir ein paar Dinge beigebracht hat, die wichtig waren für mein Leben. Dieser Lehrer wird sich ziemlich wundern, und er wird sich freuen.

## Persönliche Note/Geldbotschaft

In Shanghai tauchten im Sommer 2006 Plakate auf mit der kryptischen Botschaft »Den Volksgeldschein behutsam zu behandeln bringt Ehre! Ihn zu beschädigen ist rechtswidrig!«. Verantwortlich dafür war die Chinesische Volksbank, aber was wollte diese Kampagne eigentlich sagen? Mehr Geld ausgeben oder weniger? Oder nur saubere Geldscheine – und schmutzige zur Volksbank tragen?

Chinas Internetbenutzer haben das Geheimnis gelüftet. Immer mehr Chinesen schreiben persönliche Botschaften wie etwa ihre Erklärung zum Parteiaustritt auf einen Geldschein: »Gebt mir das Land zurück, der Himmel vernichte die KP – ich erkläre meinen Austritt.« Der freie Umlauf der Nachricht ist garantiert, und die Botschaft von den Parteiaustritten, natürlich kein Thema in den Medien, verbreitet sich rasch im ganzen Land. Der Geldschein ist zum neuen Medium geworden. Da Banknoten ständig den Besitzer wechseln, ist die Urheberschaft der Nachricht nicht zu ermitteln. In Diktaturen haben Menschen öfter diesen Weg gewählt. »Nieder mit Ceaucescu« wurde hundertfach auf rumänischen Banknoten gefunden.

Hierzulande regiert die Pressefreiheit, doch die Möglichkeiten, Meinungen zu transportieren, sind sehr ungleich verteilt. Die Wirtschaft darf die halbe Stadt zukleben, Parteien im Wahlkampf haben ausreichend Möglichkeiten, aber Schulen, Kindergärten und gemeinnützige Einrichtungen schon seltener – und der kleine Mann auf der Straße oder die kleine Frau in der Wirtschaft? Der mit einer persönlichen Botschaft, einem Spruch oder einem schönen Aphorismus beschriftete Geldschein wird zwar irgendwann von der Bank aussortiert, aber bis dahin ist er durch Hunderte Hände gegangen. Für so viele Leser wäre mancher Lyriker dankbar.

## Anschläge für Zivilisten: Schreib mal!

Wenn Trampolin, Würstchenbude, Sektstand und Flohmarkt zusammenkommen, handelt es sich hierzulande um ein Straßenfest. Ganz gleich, ob von Kaufleuten oder einer Kirchengemeinde veranstaltet, diese Accessoires fehlen nie. Aber wie wäre es mal mit einem Stand, Tisch und Stuhl unter einem Zeltdach, bestückt mit einem Computer und einem Drucker – oder nostalgisch mit einer Schreibmaschine –, an dem Briefe geschrieben werden? Auf Bestellung von Menschen, die sich sonst nicht trauen zu schreiben. Ein Liebesbrief zum Beispiel oder eine Beschwerde beim Hausbesitzer, ein Antwortbrief, vor dem sich einer lange gedrückt hat, oder ein lästiges Pflichtschreiben zum Geburtstag, und besonders ein freches Schreiben, zu dem manchem die richtigen Worte fehlen. Schön ist natürlich eine Mustermappe mit wahren Briefen, das macht Spaß beim Lesen, weckt den Appetit und sorgt für Zulauf unter diesem Zeltdach beim obligatorischen Straßenfest ...

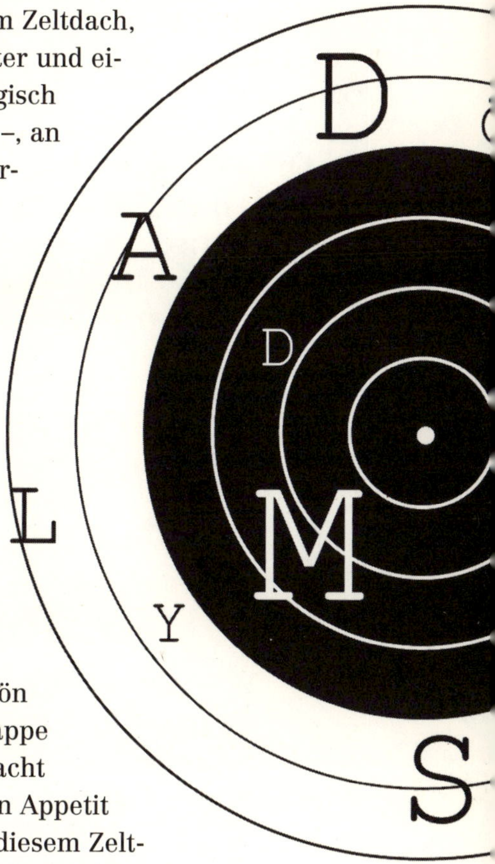

»Gewöhnlich wird Philosophie mit ›Liebe zur Weisheit‹ übersetzt. Der französische Philosoph Emmanuel Levinas dreht es um: ›Weisheit der Liebe‹. Für ihn kommt nicht die Ontologie – die Lehre vom Sein – an die erste Stelle der Philosophie, sondern die Ethik. Im Antlitz des anderen, so Levinas, entdecke ich den Sinn des Lebens. Wie ich mich zu ihm verhalte, entscheidet über mein Sein.« (Franz Meurer)

## Nachwachsendes Fachwissen/ Kinder schreiben einen Viertelsführer

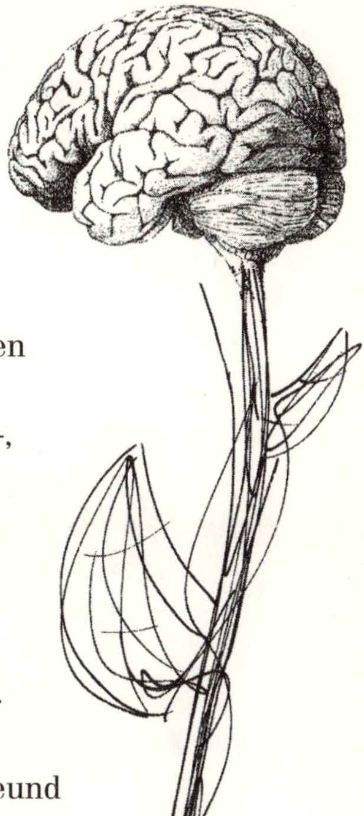

Wenn es stimmt, dass ein ganzes Dorf, ein Viertel oder eine Straße nötig sind, damit ein Kind groß werden kann, dann kommt das Wohnumfeld ganz neu in den Blick. Und dann ist es wert, auch von Kindern mitgestaltet zu werden. Zunächst aber kommt das Wahrnehmen. Eine Idee: Kinder erklären Kindern ihr Viertel, ihre Gemeinde – vielleicht auch erst einmal ihre Straße –, und gestalten einen Viertelsführer. Das wird ein Heft sein, eine Broschüre oder ein Plan. Wer es technischer mag, gestaltet eine Internetseite oder eine CD. Vielleicht wird ein Netzwerk daraus: Kinder erklären Düsseldorf oder Frankfurt oder Kiel. Vielleicht gestalten sie auch einfach einen Führer für ihren Freund aus dem anderen Stadtteil: eine Woche lang, für jeden Tag ein guter Tipp.

Zunächst müssten die Kinder sammeln und recherchieren. Sie würden ihren Lebensraum erkunden, die Straßen und Plätze erlaufen und aufmerksam werden für die Menschen, Tiere, Pflanzen, Geschäfte, Institutionen und Originale. Sie ahnen und erkennen, was das ist: ein Lebens-Raum. Kinder würden aber auch auf Interessantes stoßen, das sie bisher nicht oder anders wahrgenommen haben: auf den Taubenonkel, der mit den Vögeln spricht, sodass man glauben könnte, er liebe sie. Auf die Dame aus dem Fahrradladen, die vertrocknete Blumen in ihrer Werkstatt gesundpflegt und die auch balkonbeschränkte Stadtkinder fragen können, warum ihre Sonnenblume den Kopf hängen lässt. Dort werden die hungrigen Kunden vom freundlichsten Dönermann immer mit Handschlag begrüßt, und hier ist das Freibad mit der tollen Rutsche, wo selbst mutigen Jungs das Herz in die Hose rutschen kann.

Nach der Sammlung wird es eine Auswahl geben. Ein Konzept wird erstellt, Artikel müssen geschrieben, Fotos gemacht, Pläne gezeichnet und ein Layout vorgeschlagen werden – das redaktionell Übliche. Kinder lernen die praktischen Schritte beim Schreiben und Produzieren. Und sie kapieren, wie ihr Viertel zusammenhängt und funktioniert und wo es schiefläuft.

## Neue Antworten/Tag der Fragen

Fragen stellen, um zu verstehen. Antworten finden, um zu verändern. Nach dem Motto »Wer nicht fragt, bleibt dumm« soll es einen Tag der Fragen geben. Auf weißen Flächen, die man aufstellt oder z. B. nach einer Wahl über die Parteiplakate klebt, können offene Fragen niedergeschrieben werden. So wird offenkundig, was beschäftigt meine Stadt oder mein Haus, die Straße und mein Viertel. Neue Informationen und ein anderes Gefühl entstehen an jenem Ort, an dem ich stehe und all die Fragen lese. Fragen stellen, aber auch Antworten suchen, heißt, sich eines Themas anzunehmen und es zur Sprache zu bringen. Was ich nicht kenne und wovon ich nichts verstehe, das kann ich auch nicht ändern. Oder wer hätte z. B. gedacht, dass mein Nachbar taub ist, hätte nicht ein anderer die Frage gestellt, warum er niemals grüßt?

Mit Fragen die Welt verändern: »Table of Free Voices«. So hieß der riesige runde Tisch in Berlin, an dem im Sommer 2006 die Aktion »Dropping Knowledge« veranstaltet wurde; 112 Experten beantworteten Fragen wie »Scheitert der Mensch, weil er Egoist ist?«. Das geht auch in Klein!

*www.droppingknowledge.org*

# FEIERN

Früher gab es die »Allmende«, eine Wiese, ein Wald, ein Stück Land, das allen Dorfbewohnern zugänglich war und als gemeinsame wirtschaftliche Grundlage diente. Heute sind Straßen und Plätze die Allmende. Der öffentliche Raum gehört allen. Er kann nicht privatisiert und er darf nicht kapitalisiert werden.

»Wo es arm ist, darf es nicht ärmlich sein.«
(Franz Meurer)

## Macht's jut, Nachbarn!

In Frankreich hat die rechtsradikale Partei von Jean-Marie Le Pen damit angefangen und sich um den Zusammenhalt von Menschen in den unwirtlichen Vorstädten gekümmert. Das erklärt einen Teil ihres Erfolgs. Inzwischen gibt es eine zentrale Agentur zur Förderung der Nachbarschaften in den Städten, die vom Staat unterstützt wird. Was früher selbstverständlich war: gemeinsam feiern, Gastmähler auf dem Dorfplatz, Zusammensitzen auf den Bänken unter den Platanen, es droht in den Wohnsilos in der Anonymität zu ersticken.

Ein paar Ideen, wie es gut klappen kann, die Nachbarschaft zu aktivieren:

Zwei, drei Bänke besorgen oder mit Nachbarn zimmern und auf den kleinen Rasen vor dem Mietshaus stellen. Vielleicht stiftet sie sogar die Wohnungsgesellschaft, wenn sie weiß, dass sich jemand darum kümmert.

Ein kleines Kinderfest. Die Kinder fragen, was sie gut fänden und wobei sie gerne selber mithelfen (Waffeln backen, Kinderflohmarkt, Fahrrad-Parcours), oder einen freien Raum herrichten, wo Kinder basteln können.

Umtrunk zur Begrüßung neuer Nachbarn

Ein paar Blumenkästen vor das Haus? Wer hat Ableger, wer hat Lust zu gießen?

Gerade ausländische MitbürgerInnen haben oft gute Ideen, wie ein schönes Wohnumfeld gestaltet werden kann – bis hin zu einem Gemeinschaftsgarten mit kleinen Parzellen statt der obligatorischen Wiese hinter dem Haus.

## Boule/Wie ein Kurzurlaub

In Frankreich spielen viele Boule. Früher eher die Männer; heute mehr die Familien. Nun entdecken auch immer mehr Leute bei uns dieses ruhige, besinnliche Spiel. Es gibt natürlich in vielen Städten Boulevereine. Da aber ein Platz mit Sand oder feinem Schotter für das Spiel reicht, kann fast überall ein Anfang gemacht werden. Es ist ein Spiel für Groß und Klein. Sehr ruhig und mediterran.

Wahrscheinlich gibt es im Viertel einen Schotterplatz – einer muss ihn finden. Alle sind willkommen, die Spaß daran haben – das sind viele! Wichtig ist das Signal: Herzliche Einladung … Wenig Aufwand: Ein paar Kugeln reichen. Der berühmte Schriftsteller und Humanist François Rabelais meinte dazu: »Das Boulespiel ist gut gegen Rheuma und alle möglichen anderen Leiden, und es ist für Menschen aller Altersstufen geeignet, vom Kind bis zum Greis.«

»Gemeinsam statt einsam«: vielleicht nach Herrichtung des Platzes der erste »Spieltag« mit einem örtlichen Bouleverein. Vielleicht spendiert eine Partei eine Bank, die Stadt einen Papierkorb. Sehr gut ist ein fester Tisch zum Aufschreiben. Ein örtliches Geschäft darauf hinweisen, dass nun Boulekugeln verkauft werden können! Einfach im Unterhalt: Nach der Herrichtung des Platzes und dem »Aufgalopp« ist es nur noch ab und zu nötig, sich zu kümmern. Z.B., damit er halbwegs sauber bleibt. Schön wäre einmal im Frühsommer ein jährliches »Familien-Bouleturnier«.

*Alles Nähere und die Regeln bei: www.laboulebleue.fr/de/index.htm*

## Spiel, Brüderchen, spiel!

»Einladung zur Geburtstagsparty – für Essen und Trinken ist gesorgt«. Wer das liest, ahnt schon die drohende Ödnis. Man steht um ein Fässchen und plaudert mit dem Nudelsalat in der Hand, bis vom ersten Gast der unvermeidliche Satz kommt: »Hör mal, ich bin weg, ich muss morgen früh raus!«

Es gibt einen einfachen Weg aus der phantasielosen Fetenfinsternis des christlichen Abendlandes. Machen sie es wie andere Kulturen: Sorgen Sie ganz selbstverständlich für Livemusik. Zugegeben: In unserer hochtechnisierten Software-Epoche assoziiert man sofort die Alleinunterhalter am Keyboard mit Rhythmuscomputer und gesampelten Grausamkeiten aus Schlagerwelt und Musikantenstadl. Sie verwandeln seit Jahren jede Silberhochzeit in eine akustische Geisterbahn und waren schon manches Mal fast ein Scheidungsgrund, wurden dennoch zur Goldenen Hochzeit wieder engagiert.

Dabei gibt es nach wie vor Menschen, die ganz normale Instrumente so virtuos beherrschen, dass niemand elektronische Mätzchen vermisst. Die warten nur darauf, dass wir sie buchen. Und das kostet weniger, als man denkt. Ab 100 Euro pro Musiker holen Sie sich ein Stück Kultur in Haus & Hof, und selbst ungerade Geburtstage werden zum »Fest«!

Ob Duo, Trio oder Quartett, ob Jazz, Swing oder Musettewalzer, Sie werden sich darüber wundern, dass plötzlich keiner Ihrer Gäste mehr »früh rausmuss«. Und da Musik ein schwieriges Geschäft ist, tun Sie ganz nebenbei auch noch ein gutes Werk – wie der Rheinländer sagt: »Die Musiker am Kacken halten«. Vielleicht entdecken Sie auch beim Einkauf in der Fußgängerzone Straßenmusiker, die Ihnen gefallen. Ein befreundeter Richter in Weimar sprach drei großartige russische Musiker vor dem Juweliergeschäft an und engagierte sie spontan für seine Geburtstagsfeier. Von der rasanten Party sprechen die Gäste heute noch, und die reisenden Russen waren hocherfreut ob der unverhofften Mucke.

*Kontaktadressen im Internet oder über die örtlichen Musikhochschulen und Musikzeitschriften.*

## Saufen auf Rädern/Betreutes Trinken

Man hört das Wehklagen überall auf dem Land: Die Dorfkneipen sterben. Der Gesangsverein kann seine Kehlen nicht mehr gemeinsam ölen, der Sportverein verliert sein Domizil und die Dorfbewohner ihren Treffpunkt. Aber was hilft es: Wenn die Kneipe nur noch einmal die Woche voll ist, kann auch der genügsamste Wirt die Pacht nicht mehr bezahlen. Als die Dorfgeschäfte zumachten, übernahm der rollende Laden diese Lücke. Zweimal die Woche kommt der Bäckerwagen, freitags der Getränkelaster und Dienstag der Lebensmittelhändler.

Warum macht das eigentlich keiner mit der Kneipe? Ein langer, gemütlich umgebauter Bau- oder Zirkuswagen mit Theke, Skat- und Stammtisch, Pokalvitrine, Spielautomat und Jalousie für die Außengastronomie bereist die Dörfer. Da Zugmaschinen zwei Anhänger ziehen dürfen, hängt hinten noch ein kurzer Toilettenhänger dran, nennen wir ihn doch »Geschäftswagen«. In Absprache mit den Vereinen und abgestimmt auf die Bedürfnisse der Bürger, wird ein Tourplan über die Dörfer erstellt, und die Kneipe auf

# »STATT ECKKNEIPE KOMMT DIE KNEIPE

Rädern kehrt wie der Tante-Emma-Laden an verlässlichen Terminen mitten in den Ort zurück.

Zwei unschätzbare Vorteile hat das mobile Wirtshaus: Für Wirt und Wirtin bedeutet es unternehmerische Freiheit. Nur dort, wo der Umsatz stimmt, öffnet das »Lokal«. Ein Volk, das seine Wirte nicht ernähren kann, hat es nicht verdient, »Nation« genannt zu werden. Ein Dorf, das seinen Arsch nicht aus dem Fernsehsessel kriegt, ist kein Dorf. Und für die geselligen Kneipengäste gilt: Keiner verliert den Führerschein durch Alkohol am Steuer, niemand muss ein Taxi rufen. Sperrstunde heißt: Der Wirt schmeißt den Trecker an und fährt die letzten Gäste nach Hause. Das ist künftig gemeint, wenn es heißt: »Letzte Runde!«

UM DIE ECKE.«
(JÜRGEN BECKER)

## Ü-80-Party/Kultur kommt auf Tour

Die Kleinkunst, früher für einen eher kleinen Kreis von Liebhabern auf engen Kabarettbühnen ein Genuss, startete hierzulande vor einigen Jahren zu einer Tour durch die Stadthallen der Republik, mutierte dann im Privatfernsehen zur Comedy und löste einen Boom aus, der auch vor Großarenen nicht haltmachte. In dessen Sog entstanden flächendeckend schillernde Veranstaltungsreihen in Stadt, Land und Vorstadt, die unabhängig vom offiziellen Kulturbetrieb und meist völlig subventionsfrei den kulturellen und satirischen Appetit der Abonnenten, Studenten und freilaufenden Bildungsbürger stillen.

Die Erklärung für diesen Erfolg außerhalb des Kulturetats ist einfach. Ein Mikrofon, etwas Licht, mehr braucht der Kabarettist nicht. Sei das Dorf auch noch so klein: Sobald es auch nur einen zupackenden Zeitgenossen gibt, der die Sache in die Hand nimmt, kann die Sache funktionieren. Auch in den Vorstädten brummt diese Kultur, denn die Leute kommen nicht nur wegen der Kleinkünstler. Das Wichtigste am Kabarett ist das Bier hinterher, und auch das fällt fußläufig im Viertel leichter als in der Innenstadt, wo der lange Heimweg noch vor einem liegt. So entstanden z.B. in Köln unter dem Namen »Kulturbeutel« jährliche

Veranstaltungsreihen in den Schulaulen mehrerer Vororte. Die Rechnung ging auf, die meisten sind ausverkauft. Nun organisieren dieselben Leute auch Kultur im Altersheim. Hier ist das Leben oft eintönig und von Langeweile geprägt. Das Budget für Freizeit, Ausflüge und Feste ist meist mickrig. Es gibt auch nicht genügend Personal, um ein würdiges kulturelles Ambiente für die Heimbewohner zu schaffen. Auf der anderen Seite sind da viele »Kulturarbeiter«, die weniger gut von ihrer Arbeit leben können und sich mit anderen Jobs über Wasser halten. Das betrifft häufiger Musiker als Kabarettisten. Das Projekt »Kultur in Altenheimen« verbindet diese Bedürfnislagen, sodass für beide Seiten etwas Positives dabei herauskommt, eine Win-win-Situation, wie der Volkswirt sagt.

Das Geld kommt von den erfolgreichen »Kulturbeutel«-Künstlern, die drei bis fünf Prozent ihrer Honorare in einen Fond spenden, aus dem die Musiker, Kabarettisten und anderen Künstler bezahlt werden, die als Kleinsolisten in den Altersheimen auftreten. Angefangen hat die Musikerin Diana Eisermann mit einem Singkreis im Kölner Altenheim St. Bruno, der nun wöchentlich mit dreißig schwerstpflegebedürftigen Bewohnern stattfindet – ein echtes Highlight. Mittlerweile hat es für die Senioren den gleichen Stellenwert wie für die Urenkel ein Konzert von Tokio Hotel. Es folgten kölsche Lieder, ein französischer Chanson-Abend mit Wein und Käse und stützstrumpfkompatible Schlagerkonzerte.

Der nächste Papst ist wahrscheinlich jünger als Mick Jagger. Es wird nicht mehr lange dauern, bis aus den Altenheimen Rockmusik schallt. Die Jungen werden sich ständig über die laute Musik aus den Heimen beschweren. Und wenn es Livemusik ist, dann sind wir am Ziel.

# ESSEN

»Nur wer gut isst, kann auch gut kochen.« (Jamie Olivier, »the naked chef«)

»Wer nicht arbeitet, der soll auch nicht essen.« (Apostel Paulus, 2. Thess. 3,10, und Hartz IV)

## Man sieht sich/Straßenbrunch

»Fürstlich tafeln« hieß das Motto im August auf dem Düsseldorfer Fürstenplatz. Die Menschen rund um den Platz hatten Essen, Getränke und gute Laune eingepackt und sich abends und draußen getroffen und gemeinsam gegessen und gequatscht. Nachbarschaft geht auch durch den Magen, und nicht nur hier. Die Anwohner der Cimbernstraße machten das und die Leute rund um das Katharina-von-Bora-Haus oder die Leute in Garath: Essen und Trinken, Musik und Geschichten, ein Spiel und natürlich Geschirr, ein Tisch und ein Stuhl. Man sieht sich! Auf der Straße.
*www.duesseldorf.de/planung/stadterneu/sommerauftritt2006/sommerprogramm.pdf*

## Bon Appétit/Gourmet à la Gutmensch

Nein, Kannibalismus ist hier nicht das Thema. Das Fleisch kann zwar durchaus von Vertrauensmetzger stammen, doch auch Vegetarier wissen: Wer nicht in der Lage ist, seine Freunde zu bekochen, ist es nicht wert, Freunde zu haben. Allein die Arbeit in der Küche drängt uns die Frage auf: Brauchen wir wirklich Freunde?

Der Trick: Für die Freunde gilt der Satz gleichermaßen. Also warum kochen wir nicht zusammen? Jeder übernimmt einen Gang, und man trifft sich mit den Einkäufen. Zunächst wird der Wein geöffnet, dann schnibbelt und brutschelt man zu sechst oder acht rund um Herd und Tisch, und am Ende steht ein Menü bereit, das Tim Mälzer vor Neid blanchieren lässt. Dann überlegt man: Was hätte dieses Gourmet-Menü im Restaurant gekostet? Die Summe geht an Amnesty International oder Ärzte ohne Grenzen oder, oder, oder ...

Aber bloß nicht zu viel Gutmensch! Das nächste Mal trifft man sich im Restaurant und lässt sich bedienen! Man will doch auch nicht, dass der Wirt am Hungertuch nagt!

## Zurück zur Kalebasse?

Die Römer haben die Wasserleitung erfunden. Zweifelsfrei zu bewundern am Pont du Gard in Südfrankreich oder beim Kegelausflug in die Eifel. Das Zeitalter der Kalebassen war damit vorbei. Wasserträger gehörten fortan in die Politik, zum Beispiel. Seit einigen Jahren ist ein schwerer Rückfall festzustellen. In Frankreich fing es an, trotz Pont du Gard! Wasser wird wieder in Kalebassen transportiert, mit schönen Namen wie Vittel oder Perrier; ja, es wird sogar – übers Wasser – bis nach Amerika gefahren. Ein Sinn ist schwer zu erkennen. Mittlerweile setzt die Wasserflaschenbranche 100 Milliarden Dollar jährlich um mit rund 3.000 verschiedenen Wassermarken, die meisten jedoch von nur vier Konzernen: Coca-Cola, Pepsi, Nestlé und Danone.

Ökologisch ist es Horror: Flotten von Lkws mutieren zur stinkenden Wasserleitung.

Plastikflaschen müssen vor Aldi nach langem Schlangestehen zerschreddert werden, das Pfand ist natürlich teurer als der Inhalt, die Reste werden dann wieder per Schiff nach China transportiert, zu Fasern verarbeitet und als synthetische Kleiderstoffe wieder in den marktwirtschaftlichen Kreislauf eingeführt. Eine Art Waren-Wiedergeburt? Ein Rückfall in die selbstverschuldete Unmündigkeit? Wahrscheinlich. Denn im Sinne praktischer Vernunft spricht alles für die Wasserleitung, und oft ist das Wasser daraus auch noch gesünder als das aus den Flaschen. Vermutlich hat uns die Queen of Tablewater die Augen verdreht und den Verstand geraubt. Also alles ein reines Suchtphänomen. Darauf einen Kranenberger!

## Tässchen Kaffee, Karl-Heinz?

Trink doch deinen Kaffee das nächste Mal vor der Haustüre. So bleibst du auf dem Laufenden und lernst deine Umgebung besser kennen. Die Passanten werden auf jeden Fall etwas irritiert sein. Der Bürgersteig umgewandelt in eine Ruhezone, eine frech platzierte Barriere auf der Rennbahn der stressgeplagten Stadtmenschen. Schon ein Blick in die Gesichter lohnt die Schlepperei, und dazu ein Stückchen Kuchen, zusammen mit einer Tasse Kaffee. Auf diese Weise stellen sich vielleicht ein paar neue Kontakte her, die Chancen jedenfalls stehen ganz gut, und der zunehmend menschenfeindliche öffentliche Raum erhält positive Impulse und gewinnt an Atmosphäre.

»Hier verkehrt, wer verzehrt«, heißt es gewöhnlich. Hier darf rein, wer zahlt – und wer isst, ohne zu zahlen, wird als Zechpreller bestraft. Hier ist Geld das Tauschmittel. Was wäre aber, wenn es die Kinder sind? Wer Kinder bietet, erhält freien Eintritt? Also: Hier verzehrt, wer verkehrt!

## Kotelett nach drüben/Arme Würstchen auf der Nebendecke

Jeder kennt das: Man trifft sich im Park mit Freunden zum Grillen, alle bringen etwas zu essen mit. Zwei Stunden später sind alle pappsatt, und das Wort »grillen« kann keiner mehr hören. In der Kühltasche sind aber noch zwanzig Würstchen, fünf Steaks und vier Kartoffeln, genug um mindestens sechs Leute satt zu machen. Dabei schauen die Deckennachbarn schon die ganze Zeit herüber, als wollten sie jeden Augenblick fragen, ob sie nicht …

Meistens wird aber der Rest am Ende unter allen aufgeteilt, wobei dann auch noch Streit um die beliebtesten Grillstücke entsteht. Die Gründe? Egal, konzentrieren wir uns auf eine andere Lösung. Wer beim Grillen oder beim Picknick oder Camping seine Sachen mit anderen teilt, wird erleben, wie erfrischend es sein kann, auf einmal mit völlig Fremden zusammenzusitzen. Dies gilt natürlich nicht nur fürs Essen. Daher ran an die Grillgabel und austeilen!

# LERNEN

»Um ein Kind großzuziehen, braucht man ein ganzes Dorf.« (Afrikanisches Sprichwort)

Wer kommt auf den ersten Platz? Gewöhnlich der VIP, the very important person. Außer im Fußballstadion, dort sitzen zum Glück die Rollstuhlfahrer in der ersten Reihe. Wäre nicht ein wenig Marx gesund: jeder nach seinen Fähigkeiten, jedem nach seinen Bedürfnissen? Wobei die Bedürfnisse doch ruhig auf den ersten Platz rücken dürfen. Es bleibt noch genug übrig.

## Bildungspolitik selbst gemacht/ Englisch im Kindergarten

Seit Pisa, Iglu und den neusten Erkenntnissen der Hirnforschung wissen wir: Im Vorschulalter stehen die Möglichkeiten für den Spracherwerb, für das Lernen überhaupt so weit offen wie Scheunentore. Kinder sind – besonders zwischen drei und sechs – in faszinierender Weise an der Erforschung ihrer Welt interessiert. Nur die wenigsten Kindergärten können aber diese kindlichen Bedürfnisse nach »Selbstbildung« aufgreifen. Denn: Jedes Kind hat seinen eigenen Entwicklungsrhythmus, den die ErzieherInnen erforschen müssen, um zur rechten Zeit die richtigen Angebote machen zu können, sonst verkümmern die dafür »bereitgestellten« Gehirnstrukturen – so wird vielfach das Lernen schon in der Grundschule mühselig und frustrierend.

Bildungspolitiker wissen das seit Jahren, aber es fehlt ihnen der Wille oder die Macht, Kindergärten dafür besser auszustatten. Wenn einer die Macht hat, wirklich etwas zu bewegen, dann sind das meist die Bürger selber, die Eltern. Elterninitiativen suchen und engagieren z.B. einen »native speaker«, der mit den Kindern englische Lieder singt und auf Englisch Spiele und Abenteuer inszeniert, um ganz nebenbei, eben spielerisch, die Grundlagen einer Fremdsprache zu vermitteln.

Alle bisherigen Forschungsprojekte zeigen, dass gerade in diesem Alter das unbewusste Erlernen einer Fremdsprache die größten Chancen bietet, ohne Vokabelpaukerei und Angst vor Versagen mehrsprachig zu werden. Sollte der Kindergarten eines Tages Pflicht werden, auch für Migrantenkinder, dann bieten sich hier bisher völlig ungenutzte Möglichkeiten, sowohl die Muttersprache als auch Deutsch oder eine Fremdsprache spielerisch und fast unbewusst zu erlernen.

Die Frage kommt sofort: Wer bezahlt diese zusätzlichen Lehr- oder sagen wir besser »Spiel«-Kräfte? Politiker sagen eindeutig nein. Noch! Elterninitiativen haben Firmen gefunden, die von der Idee so begeistert waren, dass sie sich als Sponsoren zur Verfügung gestellt haben. Sie wissen, die Zukunft des Standorts Deutschland wird nicht am Hindukusch verteidigt, sondern im Kindergarten um die Ecke.

# [pleɪ]

***Das Wort, das mir hilft, muss mir ein anderer sagen. Zwei Jugendliche haben etwas ausgefressen. Mit dem Polizeiauto fahren sie zur Wache. Sie sind bereit, bestraft zu werden. Was sie demütigt und wovon sie erzählen, ist dies: »Die Polizisten haben während der Autofahrt kein Wort mit uns gesprochen.«***

## Mal eine Prüfung bestehen/Gabelstapler für alle

Jugendliche ohne Schulabschluss leben mit dem Gefühl, versagt und keine Prüfung im Leben je bestanden zu haben. Nicht einmal der Führerschein ist bezahlbar, die theoretische Prüfung scheint eine unüberwindbare Hürde. Die folgende Idee können alle Bürgerzentren, Kirchengemeinden, Vereine, Firmen, Schulen und alle Einrichtungen mit etwas Platz und festem Estrich umsetzen.

Im Untergeschoss von St. Theodor in Köln-Vingst steht ein Fahrzeug, das viele Jugendliche fasziniert. Es hat wie ein Porsche Gas, Bremse, Lenkung, aber darüber hinaus Kräfte wie Superman: Tonnenschwere Lasten können gehoben und transportiert werden. 130 Jugendliche machten dort allein 2006 den Führerschein für Flurförderfahrzeuge, eine Ausbildung zum Gabelstaplerfahrer. Vielen stand der Schweiß auf der Stirn, nicht alle schafften die Prüfung beim ersten Mal, aber für die meisten war es das erste Erfolgserlebnis seit langem und dazu die erste kleine Berufsausbildung. Nicht wenige fanden einen Job als Lagerist.

Was braucht man dazu?

1. Einen geliehenen oder gebraucht gekauften Gabelstapler. Oder fragen Sie einen Unternehmer, ob er bei der nächsten Neuanschaffung den alten Stapler nicht gegen eine Spendenquittung verschenken möchte? Er wäre blöd, wenn er nein sagt.
2. Einen ausgebildeten Fahrlehrer. Auch hier kann man über den Preis reden. Die Ausbildung zum Staplerfahrer dauert in der Regel einen Tag. Ein Tag, der bereits das Leben vieler verändert hat, hievte er doch ihr Selbstwertgefühl in ungeahnte Höhen.

## Lernen lernen

25 Jahre leitete Otto Roth eine Grundschule in der Kölner Innenstadt, zuletzt vierzügig. Sein pädagogisches Credo könnte heißen: »Zum Lernen verführen«. Als er vor zehn

Jahren pensioniert wurde, machte er weiter – aber anders. Mit seiner früheren Konrektorin richtete er im Pfarrsaal einer Kirchengemeinde zweimal wöchentlich ein Silentium ein. Ziel ist es, jungen Menschen beim Lernen zu helfen. Es kommen zwischen 15 und 20 Kinder und Jugendliche, die merken, dass es ihnen guttut, besser lernen zu lernen. Wichtig finden die beiden, die durch zwei Lehramtsstudentinnen (gegen ein kleines Honorar – finanziert von Spendern) unterstützt werden: die jungen Menschen selber an ihrem Lernproblem arbeiten zu lassen, und zwar nach ihrem individuellen Lernrhythmus. Und: unbedingt jeden kleinen Schritt positiv bewerten!

Ein 16-jähriges Mädchen liest fast gar nichts. Ihre ganze Liebe sind Pferde, ihr Idol ist Alwin Schockemöhle. Zum Geburtstag schenkt ihr Otto Roth die Memoiren des berühmten Springreiters. Das Buch liest sie an einem Tag aus! Und damit ist der Knoten geplatzt und ihr Leseinteresse geweckt. Ein türkischer Junge im vierten Schuljahr ist ebenfalls nicht zum Lesen zu bewegen. Erstaunlicherweise nimmt er, selber alewitischen Glaubens, gerne am christlichen Religionsunterricht teil. Er findet die Erzählungen von Jesus spannend. Ihn verführt eine schöne Kinderbibel zum Lesen.

Das Projekt läuft seit zehn Jahren. Derzeit sind zwei Drittel der Kinder und Jugendlichen ausländischer Herkunft, die Mehrzahl geht auf Realschulen, fünf in die vierte Klasse der Grundschule, einige auf die Hauptschule oder das Gymnasium. Die Atmosphäre ist eindeutig leistungsorientiert. Das Motto könnte der Satz von Maria Montessori sein: »Hilf mir, es selbst zu tun!« Ergänzt wird das Silentium ab und zu durch ein Elternseminar, zum Beispiel zum Thema »Zum Lesen verführen«.

## Kasse machen ohne Geld/Freiwilligenagentur

Im Kapitalismus wird der Mensch vom Menschen ausgebeutet, im Kommunismus war es umgekehrt. Das beweist der Computer jeder Freiwilligenagentur. Hier gibt es zwei Rubriken: Unter »Suchen« finden wir beispielsweise eine Schulbücherei, deren Bibliothekar vom Schulamt wegrationalisiert wurde und die nun stundenweise eine ehrenamtliche Kraft sucht. Einen Schützenverein, der einen Historiker braucht, der ihm die Vereinsgeschichte schreibt. Und ein kleines Theater, das sich um eine unentgeltliche Kraft für die Buchhaltung und die Abendkasse bemüht. Unter »Finden« bieten Buchhalter im Vorruhestand, arbeitslose Sekretärinnen oder Akademiker ohne Job eine qualifizierte Tätigkeit an, von der sie etwas verstehen. Außerdem bewahren sie sich die Möglichkeit, durch zeitlich begrenzte ehrenamtliche Tätigkeiten wieder Kontakte zu knüpfen und ihre Chancen fürs Erwerbsleben durch Erfahrungen zu verbessern. In der DDR hatten alle Arbeit, aber keiner was zu tun. Hier haben viele keine Arbeit, aber wenigstens einige was zu tun!
*Infos beim Bundesverband der Freiwilligenagentur: www.bagfa.de*

## Seitenwechsel®

Die Schweizerische Gemeinnützige Gesellschaft hat vor über zehn Jahren die Idee entwickelt: Seitenwechsel. Führungskräfte aus der Wirtschaft arbeiten für eine Woche in sozialen Institutionen. Das kann in der Kinder- und Jugendhilfe oder bei einer Flüchtlingsinitiative sein, es kann um Sucht und Drogen gehen oder um Obdachlose und Schwerkranke. Öffentliche oder private Einrichtungen bieten diesen Führungskräften für eine Woche einen Praktikumsplatz und stellen ihnen einen Partner an die Seite.

Der Seitenwechsel verlangt Persönlichkeit, denn diese Menschen, die gewöhnlich selber anleiten, führen und Managementaufgaben erledigen, müssen lernen, sich einzupassen und gewöhnliche, für sie aber ungewohnte Arbeiten zu verrichten, Sensibilität für soziale und zwischenmenschliche Problemlagen zu entwickeln. Sie übernehmen beispielsweise die Pflege von Menschen mit Behinderungen, begleiten Wohnungslose zum Sozialamt, machen Hausaufgaben mit Flüchtlingskindern und lernen die Welt von Jugendlichen in sozialen Brennpunkten kennen.

Gleichzeitig ist der Seitenwechsel auch ein Qualifizierungsprogramm, das Managementfähigkeiten erweitert und die soziale Kompetenz der Führungskräfte stärkt. Vor allem aber gewinnen die Teilnehmer an persönlicher Stärke. Die sozialen Einrichtungen und Projekte erhalten neben einer Arbeitskraft Impulse aus einer anderen Welt, und unter Umständen ergeben sich auch längerfristige Kontakte.

Der Seitenwechsel wird organisiert, vorbereitet und begleitet von lizensierten Agenturen wie den Freiwilligenagenturen.

*Tony Ettlin/Schweizerische Gemeinnützige Gesellschaft (Hrsg.), SeitenWechsel. Lernen in anderen Arbeitswelten, Zürich 2003*
*www.seitenwechsel.com*

## Lehren ohne Amt/Lern was

Es gibt Menschen, die singen gern und können es auch. Oder Menschen, die gern Schach spielen und die Regeln beherrschen und sogar erklären können. Oder Menschen, die Taekwondo beherrschen, mit allen Finessen. Und dann gibt es Menschen, die können weder singen noch Schach spielen oder Taekwondo. Aber warum kommen die Ersten mit den Letzten nicht zusammen? Der eine lehrt, der andere lernt? Ein Instrument spielen, den Computer bedienen, den Sternenhimmel lesen – und vieles mehr. Der eine muss nur Spaß am Beibringen haben und der andere lernen wollen. Dann klappt das schon. Nur Mut.

Der erste Schritt ist eine Litfaßsäule oder eine Pinnwand im Treppenhaus, ein Aushang beim Supermarkt oder im Bioladen oder eine Notiz in der Filiale der Stadtbücherei: »Ich biete ...«, und dann vielleicht ein Foto und immer der Hinweis: »Dieser Kurs ist umsonst!«

**Ich biete:**

**Wann:**

**Wo:**

**Kontakt:**

Foto

**Dieser Kurs ist umsonst!**

Tel.:

Tel.:

Tel.:

Tel.:

Tel.:

Tel.:

Tel.:

Tel.:

Tel.:

## Freiwilligentag

Den Garten eines Wohnheims behinderter Menschen bepflanzen, einen Kindergarten renovieren, einen neuen Spielplatz anlegen, die Fahrräder in einem Mädchenheim reparieren – typische Aufgaben, für die soziale Einrichtungen geballte Arbeitskraft brauchen, die sie aber oft nicht finanzieren können. Der Freiwilligentag, wie ihn die Kölner Freiwilligenagentur entwickelt hat, bietet Beschäftigten aus Unternehmen, Behörden oder Medien die Möglichkeit, Gutes zu tun und dabei ihre Teamfähigkeit zu trainieren. Ähnlich wie beim Outdoor-Training müssen die Teams eine herausfordernde Aufgabe bewältigen, wobei andere Fähigkeiten und andere Hierarchien gefragt sind als die am Arbeitsplatz üblichen. Auf jeden Fall ist die Zufriedenheit groß, wenn am Ende des Tages der gemeinsame Erfolg sichtbar wird und die Teilnehmer Anerkennung für ihre Leistung erhalten.

Organisiert wird ein Freiwilligentag am besten von einer Einrichtung wie einer Freiwilligenagentur oder Experten, die auch die Evaluation und das Projektmanagement übernehmen und über entsprechende Kontakte zu Betrieben verfügen. Sie recherchieren geeignete Einsatzmöglichkeiten, suchen die soziale Einrichtung aus, bringen sie vorher mit dem Unternehmen zusammen. Dieses stellt für einen Tag ein komplettes Team zur Verfügung und profitiert neben der Zufriedenheit der Mitarbeiter auch von der Öffentlichkeitsarbeit, mit der es auf sein gesellschaftliches Engagement aufmerksam macht.
*www.koeln-freiwillig.de*
*Bundesverband der Freiwilligenagenturen: www.bagfa.de*

## Siebentausend Kapazitäten/Seniorenhilfsdienst

Vom pensionierten Gartenbauexperten, der in Brasilien Blumenzüchter berät, über die ehemalige Hotelmanagerin, die in Litauen das Servicepersonal eines Gasthauses schult, bis zum Ingenieur in Rente, der chinesischen Kollegen erklärt, wie umweltfreundliche Filteranlagen in Kohlekraftwerken funktionieren – fast 7.000 Frauen und Männer sind derzeit beim »Senior Experten Service« (SES) in Bonn registriert. Sie bieten ehrenamtlich ihre im Berufsleben erworbenen Fachkenntnisse an und werden vom SES weltweit in kleine und mittlere Unternehmen geschickt, um hier Hilfe zur Selbsthilfe zu leisten. Die Oldie-Experten erhalten für ihren Einsatz Reisekosten und Taschengeld. Beides wird vom Auftraggeber finanziert, wenn dieser dazu in der Lage ist. Die Einsätze finden überwiegend in Entwicklungs- und Schwellenländern statt. Seit der Gründung 1983 fanden 15.000 Einsätze statt, 90 Prozent wurden erfolgreich abgeschlossen. Tabu sind laut SES ethisch bedenkliche Bereiche wie die Rüstungsindustrie. Eine Horrorvision kann also ausgeschlossen werden: Deutsche Muppets-Opas helfen dem Iran beim Atomraketenbasteln.
*www.ses-bonn.de*

## Die alternative Liga/buntkicktgut!

So heißt ein faszinierendes und europaweit einzigartiges Projekt, das den Münchner Straßenfußball in einer bunten Liga organisiert. Die Initialzündung hierzu kam nicht von Franz Beckenbauer, Mayer-Amselfelder oder Bayern München, sondern schlicht vom städtischen Flüchtlingsamt. Aus einer Betreuungsmaßnahme für Kinder und Jugendliche, die in Gemeinschaftsunterkünften für Bürgerkriegsflüchtlinge und Asylbewerber leben, entwickelte sich seit 1997 allmählich und organisch die Idee des erfolgreichen Integrations-Projekts. Der Erfolg im ersten Jahr mit zehn Fußballteams war überwältigend, die Reaktion aus den Unterkünften und die Erfahrungen mit Kindern und Jugendlichen so positiv, dass man eine interkulturelle Straßenfußball-Liga für die ganze Stadt organisierte. Während der letzten vier Jahre expandierte das Projekt und zählte im Winter 2004/05 über 100 teilnehmende Teams mit mehr als 1.000 Jugendlichen aus über 40 verschiedenen Herkunftsländern.

Wie funktioniert buntkicktgut? Indem es den bestehenden Fußball in Frage stellt. Elf Freunde müsst ihr sein? Quatsch! Vier oder fünf tun es auch. Häufiger Ballbesitz ist garantiert, und das Fußballfeld passt zur Not auch mal auf die Wiese hinter der Siedlung. Das Spieljahr ist eingeteilt in eine Sommer- und eine Wintersaison. Organisiert wird von den Jugendlichen selbst, unterstützt durch einen Liga-Rat. Die Teams, ob männlich oder weiblich, kommen aus Flüchtlings- und Notunterkünften, Tagesstätten, Freizeitheimen, aus der Schulsozialarbeit, von Sportvereinen oder einfach von der Straße. An bis zu fünf Nachmittagen in der Woche und vielen Wochenenden finden auf Bezirks- und Schulsportanlagen jährlich über 1.200 Ligaspiele statt. Damit kicken hochgerechnet an ca. 160 Spieltagen mehr als 150 Kleinfeld-Teams und über 2.000 aktive Teilnehmer in fünf Altersgruppen zwischen 8 und 21 Jahren. Soziologen sprechen begeistert von Integration und Gewaltprävention.

FIGO
10

Der gesunde Volksmund sagt es treffender: »Besser, als wenn sie Scheiben einschmeißen!«

Gewinnt immer nur München?

Nein. »Einzigartig« stimmt für diese Münchner Liga seit neuestem nicht mehr. Auch am Rhein gibt es eine solche Straßenfußball-Liga unter dem Titel »Köln kickt«. Hier spielen die »Klingelpütz Street Players« gegen »Yoga Bonitas« und die »Superintelligenten Fußballzauberer« gegen »Tamba Bo 1«. Dagegen klingen Werder Bremen und Alemannia Aachen wie kalter Kaffee.

Sollten Sie nun selbst Lust verspüren, in Ihrer Stadt eine solche Liga ins Rollen zu bringen: Sponsoren und Unterstützer finden sich für eine so inspirierende Idee in der Regel schnell. In Köln sprangen der Initiative neben Stadt, Polizei und dem Festkomitee Kölner Karneval auch der Deutsche Fußballverband zur Seite, dessen Vertreter mit dem Fernglas in der Hand am Spielfeldrand nach Talenten Ausschau halten. Begründung: »Nur so wird man Weltmeister!«

*www.buntkicktgut.de*
*www.koelnkickt.de*
*www.zivilcourage-leipzig.de/aktuelles/fussballreview.php*

## Familienfußball

***»Ich bin Friseur und heiße Salvatore. Seit meinem zweiten Lebensjahr bin ich in Deutschland. Mit meiner Frau habe ich zwei Söhne, 8 und 13. Mein Ältester spielt im Verein Fußball.***

***Samstags mache ich mit zwanzig Freunden meiner Söhne Fußballturniere, meistens in einer Halle mit***

*Kunstrasen. Wir bekommen einen Sonderpreis, 64 Euro für drei Stunden. Die Eltern sprechen sich ab und bringen die Kinder per Auto hin, den Rest packe ich in meinen Van. Die Eltern, die das Geld haben, bitte ich um 5 Euro pro Kind. Da der Chef in der Halle nett ist, macht er uns zwei große Bleche Fritten für 12 Euro, nur ein Drittel des normalen Preises.*

*Mit ist wichtig, dass ich mit meinen Söhnen etwas zusammen mache. Als Friseur kann ich das die Woche über kaum. Und ich will die Freunde meiner Jungs kennenlernen. Sie kommen aus sieben Nationen. Ich finde gut, wenn es gerade im Sport friedlich zugeht, und es klappt auch.*

*Natürlich stecke ich einiges Geld zu am Samstag. Aber dafür spende ich sonst nicht so viel. Ich spiele auch selber mit. Der Grund ist, dass ich dann den Kindern den Ball zuspielen kann, die nicht so oft angespielt werden, weil sie nicht so gut sind. Die guten Spieler finden das in Ordnung.«*

## Sang- & klanglos

Musik ist nicht nur die Sprache der Engel, sie macht auch schlau, wie die Hirnforschung herausgefunden hat. Wer singt, hat einen dickeren Kopf – im Wortsinn: Bestimmte Hirnbereiche entwickeln sich besonders gut, die Synapsen glühen, der Sänger hat Feuer im Kopf. Adorno spürte in der Musik den Hauch des Ewigen, Kindergartenkinder fühlen sich beim gemeinsamen Singen einfach gut. Früher kannten fast alle Kinder Volkslieder, heute vielleicht noch Melodien aus der Hitparade zum

Mitsummen. Wobei Summen nicht schlecht ist: Wer Kinder ohne Stress ruhig sehen – besser hören! – will, möge summen. Möglichst tief. Schon kehrt Stille ein.

Jedenfalls ist Singen und Musizieren wieder angesagt, und die, die es noch können, sind gefragt! Also in den Kitas die Großmütter vor allem, die Opas sind noch etwas scheu. Sehr bewährt hat sich auch die Aufnahme von Karaoke-CDs zum Mitsingen. Die Kinder bekommen sie vom Kindergarten oder der Schule mit nach Hause. Wetten, dass sie mit den Eltern im Auto nichts anderes hören wollen – und wünschen, dass alle mitsingen?

Wer jetzt noch nicht davon überzeugt ist, die Gitarre vom Speicher zu holen und sich dem örtlichen Kindergarten oder der Grundschule als Singpate anzubieten, mag sich vielleicht philosophisch überzeugen lassen: »Die Wahrheit ist symphonisch«, sagt Hans Urs von Balthasar.

Man kann auch als Sponsor einsteigen, wenn man nicht gut singt oder kein Instrument spielt, zum Beispiel bei »Il canto del mondo« (»Der Gesang der Welt«), einem internationalen Netzwerk zur Förderung der Alltagskultur des Singens. Gründer ist der Musikwissenschaftler Karl Adamek. Das generationsübergreifende Singprojekt für Kindergärten wurde 2002 ins Leben gerufen, schult oder berät ehrenamtliche Singpatinnen und -paten sowie ErzieherInnen.

Kindergärten beteiligen sich an den Kosten in den ersten drei Jahren mit rund tausend Euro jährlich, ab dem vierten Jahr reduziert sich der Beitrag auf 160 Euro. Pro Beteiligung von sieben Kindergärten im Gesamtprojekt wird ein Kindergarten aus einem sozialen Brennpunkt kostenlos betreut.

*www.il-canto-del-mondo.de*

## Erziehungspaten/Schmuddelkinders' Friends

Gute Angebote zur Kinderbetreuung wirken Wunder: In Frankreich werden 1,97 Kinder pro Frau geboren, in der Kindergartendiaspora Deutschland nur 1,37. Dafür sind bei uns die Kinder aber dicker …

Was ist los? In Deutschland leben 14 Millionen Kinder und Jugendliche unter 18 Jahren. Eine Million von ihnen besucht zurzeit die Hauptschule, 80.000 im Jahr brechen ab. Zweieinhalb Millionen Jugendliche unter 18 Jahren werden in materiellen Verhältnissen groß, die nach offizieller Lesart als »arm« bezeichnet werden. Irgendwo zwischen dem harten Kern der Schulabbrecher von 80.000 und den zweieinhalb Millionen liegt die Zahl der Sorgenkinder – wobei Armut natürlich nicht gleichbedeutend ist mit schlechter Erziehung. Aber sie ist eine Gefahr im Mix aus anderen Faktoren: Dauerarbeitslosigkeit, verfestigte Sozialhilfe-Mentalität, mangelnde Deutschkenntnisse, Gewalt in der Familie, Alkohol- und Drogenmissbrauch. Wir haben es mit wenigstens 1,5 Millionen Kindern und Jugendlichen zu tun, die zu Hause nicht erfahren, was es heißt, sich anzustrengen, sich an Regeln zu halten oder sich an den eigenen Erfolgen zu freuen.

Was machen Politiker? Sie fordern mehr Bildung. Das ist gut, und damit kann man nichts falsch machen. Bund, Land, Städte, Gemeinden, Kindergärten, Schulen, alle sind zuständig. Die Verantwortung für Bildung ist diffus, und das kommt Politikern entgegen. Man bekommt immer recht, und erst mal müssen andere etwas tun. Aber verhalten wir Bürger uns nicht genauso?

Was machen wir? Nichts ist für 10-, für 15-Jährige wichtiger als Erwachsene, die sich für sie interessieren – und die sie als Vorbilder respektieren können. Geradezu segensreich wirkt der Handwerksmeister, der auch nach dem Schulpraktikum »seine« Schüler gelegentlich nach den Noten fragt – und sie »zur Sau« macht, wenn sie blaumachen. Manche Städte – ein Beispiel ist Augsburg – haben gute Erfahrungen mit so genannten Sozialpaten gemacht: mit Bürgern, die ehrenamtlich, aber in Zusammenarbeit mit den Behörden anderen Bürgern Schritt für Schritt aus der Armut helfen. Analog dazu könnten Erziehungspaten, nennen wir sie mal »Schmuddelkinders' Friends«, möglichst früh Mitverantwortung für ein Kind oder einen Hauptschüler übernehmen, könnten vorlesen, bei den Hausaufgaben helfen, aber auch die Eltern daran erinnern, sich gefälligst ordentlich um ihre Rotzlöffel zu kümmern.

Wer soll das tun? Menschen mit ein wenig Zeit. Wir leben in einem Land, in dem es mehr als zwanzig Millionen Rentner gibt. Und ein bis zwei Millionen Jugendliche, die Hilfe brauchen. Nicht jeder Ruheständler wird helfen wollen, nicht jeder wird es können. Viele kümmern sich um die eigenen Enkel, aber manche hätten schon anzubieten, was bei der Arbeit mit den Jugendlichen so verzweifelt gebraucht wird: Zeit, Autorität, Lebenserfahrung.

Die »Schmuddelkinder« sind unsere Kinder. Es ist ein hässliches Argument, aber es stimmt: Angesichts der Zurückhaltung der gut Ausgebildeten bei der Fortpflanzung wird es über kurz oder lang von existenzieller Bedeutung für Wirtschaft und Gesellschaft sein, wie viele Kinder aus der »Unterschicht« es auf die Universitäten schaffen.

## Marketing in Zeiten von Hartz IV/ Weiterbildung für Schnorrer

Haste mal 'nen Euro? Diesen Satz hört man bei uns doch eher in den Randbezirken gesellschaftlicher Ordnung. Das war einmal anders. Die Reichen brauchten die Armen, damit sie in den Himmel kamen. Manche hatten sogar einen Haus-Armen unter der Treppe wohnen, den sie versorgten. Im Gegenzug musste der für seinen reichen Sponsor beten und so dessen Aufenthaltsdauer im Fegefeuer verkürzen. Oder vor den Kirchen gab es feste Plätze für Bettler, die sie sogar an die Kinder vererben konnten. Das Almosenwesen war allgemein akzeptiert.

Egal, in welche Situation Menschen heute geraten, sie brauchen Respekt, Würde und – Erfolg! Warum bilden wir Obdachlose nicht im Betteln aus? Ein Seminar für kurze Geschichten unter 30 Sekunden, womöglich mit Pointe. Penner, die ihre Sponsoren erheitern! Mitleid erregen ja, aber mit Unterhaltungswert! Die Geschichten über ihr Schicksal müssen nicht der Wahrheit entsprechen, aber sie müssen gut erzählt sein und dem Zuhörer etwas sagen. Die Wahrheit kann jeder. Gut lügen ist die wahre Kunst.

# PFLANZEN

»Willst du einen Tag glücklich sein: Gewinne in der Lotterie! Willst du einen Monat glücklich sein: Verliebe dich! Willst du immer glücklich sein: Lege einen Garten an!« (Chinesisches Sprichwort)

»Ohne Ort kein Glück«, sagt Peter Handke, »und ohne Ortsgefühl keine Nachhaltigkeit.«

## Bunte Gärten

Wer gärtnert, fühlt sich mit seiner Umwelt, mit der Erde, auf der er lebt, verbunden. Säen, setzen, wässern, ernten – all diese Tätigkeiten haben auch therapeutischen Charakter. In Leipzig macht sich eine Initiative, die »Bunten Gärten Leipzig«, diese heilende Komponente zunutze. Ihr Ziel: Flüchtlinge und Asylbewerber sollen durch gärtnerische Tätigkeit, begleitende Bildungsangebote und Begegnung mit Leipziger Bürgern neue Perspektiven und die Chance zur Weiterbildung während ihres Aufenthalts »zwischen zwei Ländern« erhalten.

Ob gärtnerische Arbeit, Bildungsangebote, Computerclub oder eine Kinderbibliothek: Alle Angebote sind ehrenamtlich organisiert. Dabei ist eine regelrechte Win-win-Situation entstanden. Von den »Bunten Gärten« profitieren nicht nur die Flüchtlinge und ihre Kinder, auch die Freiwilligen gewinnen: Sie erfahren Sinngebung und lernen die fremde Kultur der Asylbewerber kennen.

*Inzwischen gibt es, angeregt durch das Leipziger Beispiel, zahlreiche Projekte oder Initiativen für Bunte Gärten: www.buntegaerten.de; www.stiftung-interkultur.de*

## Flower-Power/Blumen im Viertel

Viele Menschen mit Eigenheim oder Schrebergarten machen es so: Blumen pflanzen, Gras einsäen, Bäume pflanzen. Im öffentlichen Raum macht das angeblich die Stadt – aber nicht immer öfter, sondern immer weniger. In den Vororten vieler Großstädte können Baumscheiben – der Bereich rund um einen Bausstamm – und das »Straßenbegleitgrün«, wie es so schön heißt, nur einmal im Jahr die Beachtung des Grünflächenamtes erwarten. Was also tun? Die Antwort ist einfach: selbst pflanzen!

Vor der Haustür, rund um den nächsten Baum, auf dem winzigen Grünfleck an der Straßenkreuzung.

Erst pflanzen und dann warten: Es wächst von alleine! Ein wenig gießen, wenn es nicht regnet. Wichtig aber: nicht zu viel pflanzen! Eher etwas Gras zu- oder nachsäen. Der Effekt ist die Veränderung der Qualität, ist der Anstoß, einfach anzufangen: Unkraut weg, ein paar Blumen rein, Gras dazu, und es wird sogleich zum Gesprächsthema. Zuerst eher negativ: Bringt nichts! Wird sofort zertrampelt! Machen Hunde kaputt! Aber bald ziehen andere nach!

Ein Apotheker hat in der Baumscheibe vor seinem Geschäft einen Kräutergarten angelegt: Salbei, Thymian, Zitronenmelisse, Oregano, Minze, Lavendel ... Demnächst will er kleine Schilder mit den Namen der Kräuter aufstellen. Eine Bäckerei in der Nachbarschaft hat an ihrer Außenwand einen Kasten mit einem 50-Meter-Wasserschlauch angebracht, um die umliegenden Blumenbeete zu gießen.

Und die Einwände und Fragen:

Dürfen wir das? (Die Stadt wird begeistert sein!)

Ist ein kleiner Zaun gut? (Eher nein!)

Holzpfähle, damit kein Auto drüberfährt? (Ja!)

Wo bekommen wir Blumen für ein größeres Beet? (Bestimmt von der Stadtgärtnerei.)

Bald kippt die Stimmung. Sogar der betuliche Bürgerverein findet es gut und übereicht den BlumenpatInnen kleine Dankessträuße. Das Engagement vieler Einzelner vor ihrer Haustür erweist sich als nachhaltiger als der Weg, den derzeit viele Städte gehen: größere Flächen an Kreuzungen u.Ä. an Gärtnereien und Blumengeschäfte zu vergeben, die dort zugleich pflanzen und werben.

## Lass deinen Hinterhof erblühen!

Wenn man in städtische Hinterhöfe blickt, bekommt man in den meisten Fällen das gleiche erschreckende Bild zu Gesicht. Neben den üblichen drei Mülltonnen reihen sich verrostete Fahrräder und anderer ungenutzter Kram. Obwohl viele Hinterhöfe eine ruhige Lage haben und als Ort der Entspannung und als Treffpunkt wie gemacht zu sein scheinen, sind sie verwittert, dreckig und fast komplett pflanzenfrei. Und obwohl die Pflege eines kleinen Gartens im Hof keinen unmöglichen Zeitaufwand erfordert, scheint keiner das Bedürfnis zu haben, sich diese Zeit zu nehmen.

Aber, ein wichtiger Tipp, wenn man anfängt! Man sollte von Anfang an wissen, dass die Pflege des bepflanzten Areals immer alleinige Aufgabe und Sorge des Initiators sein wird. Auch wenn der »kleine Garten« bei den restlichen Mietern positive Reaktionen hervorruft, sollte man keinesfalls auf die Hilfe der anderen hoffen. Wenn man dies als Voraussetzung akzeptiert, erspart man sich viele frustrierende Momente. Der Hof sollte in erster Linie Ihnen am Herzen liegen und Ihnen Freude bereiten.

Dass er bei schönem Wetter auch die Nachbarn aus ihren Wohnungen treibt, ist ein schöner und kommunikativer Nebeneffekt, jedoch nicht das erklärte Ziel. Denn wer weiß, ob Sie am Ende wirklich mit so manchen ihrer Nachbarn im Hof sitzen wollen. Aber Sie werden ein angenehmes Gefühl verspüren, wenn Sie aus dem Fenster sehen und in Ihre grüne Oase schauen inmitten der Wüste aus Beton. Also ran an Schaufel und Saatgut – es gibt noch viel zu tun. Von wegen, hier wächst nichts ...

*Infos über einen Wettbewerb in Karlsruhe: www1.karlsruhe.de/Natur/Stadtgruen/Hinterhof/hinterhof_wettbewerb.php*

*Ein Hinterhofverein, seit 24 Jahren in Stuttgart: www.hasenspielplatz.de*

## Friedhofsmobil

Oma allein zu Haus! Das ist das Schicksal vieler Alten. Manche haben Angst, allein den Friedhof zu besuchen, und andere kommen nicht mehr ohne Gehhilfe zurecht. Ein Taxi zum Friedhof? Klar, aber das ist teuer, und der Fahrer wartet nicht, denn ein wenig müssen die Gräber doch in Ordnung gebracht, ein Blümchen gepflanzt werden. Und wer hilft dabei? In Köln gibt es das Friedhofsmobil – bisher einmalig in Deutschland. Nach Anmeldung per Telefon beim Senioren-Servicedienst und genauer Terminvereinbarung fährt ein junger Mann die Seniorinnen, denn meist sind es Frauen, zu einem der 59 Kölner Friedhöfe. Er hört zu, hilft beim Pflanzen, hat Zeit und bringt den Fahrgast auch zu Hause wieder die Treppe hoch. Wer will, kann etwas Geld geben, braucht aber nicht. Die Genossenschaft der Friedhofsgärtner hat diesen Dienst initiiert und finanziert das Gehalt des Fahrers mit Spenden, Benefiz und Unterstützung des Arbeitsamts.

*www.senioren-servicedienste-koeln.de*

# ANLEGEN

»Wir nennen den Teil der Erde, der unser Eigentum ist, Immobilien. Also unverrückbar, beständig, für immer. Angesichts des Todes bleibt davon nichts. Ewig ist nicht, was wir unser Eigentum nennen, sondern was wir für und mit anderen sind.« (Franz Meurer)

»Geld arbeitet. Auch so'n Quatsch! Das Einzige, was arbeitet, sind Menschen. Legen Sie mal 100 Euro in die Ecke. Da können Sie sehen, wie die arbeiten.« (Jürgen Becker)

## Lachendes Regal/transfair

Mal schnell in den Supermarkt, noch Kaffee holen! Die Menschen, die diesen Kaffee in sengender Hitze ernten mussten, können sich selbst selten eine Tasse Kaffee leisten. Irgendwie unfair, aber was will man machen? Sich das Gesicht der Leute vorstellen! Den ganzen Tag malocht und dann fünf Cent. Mundwinkel nach unten, hungrige Mäuler ringsum, Kindergeschrei, nicht schön. Doch wie man im Rheinland immer sagt: Am schönsten ist es doch, wenn es schön ist.

Mittlerweile gibt es sie in fast jedem Supermarkt: Regale mit Produkten aus der Dritten Welt, die so gehandelt werden, wie es eigentlich für alle Waren selbstverständlich sein sollte: fair! Die Leute können von ihrer Arbeit leben. Nur von diesen Regalen nehmen noch zu wenige. Dabei muss man sich bloß das Gesicht der Leute vorstellen. Wenn sie in das Regal hineingreifen, lachen auf der anderen Seite der Welt die Plantagenarbeiter. Man müsste das Lachen mit Lautsprechern in die Regale einbauen. Eine Art akustischer »Nickneger«, aber politisch korrekt. Oder sich das Lachen einfach nur vorstellen. Denn Verbraucher haben mehr Macht als Wähler. Der Supermarkt ist die tägliche Stimmkabine.

*www.transfair.org*
*www.fair-feels-good.de*

## Gutes Geld

Wissen Sie eigentlich, wo Ihr Geld sich gerade herumtreibt? Nicht das Geld in der Hosentasche, sondern Ihr Erspartes bei der Bank. Die meisten wissen das nicht, und viele wollen es auch gar nicht wissen. Dabei haben die Deutschen viel Geld auf der hohen Kante liegen, zusammen mehr als vier Billionen Euro, und da sind die Häuser und Immobilien und die Lebensversicherungen noch nicht einmal dabei. Mit Ihrem Geld können Kredite für Schulen oder Krankenhäuser, aber auch für Rüstungsfirmen oder Atomtechnik finanziert werden. Sie wollen Zinsen haben und Ihre Ruhe, aber wie wäre es mit Zinsen und einem guten Gewissen?

Die Bochumer GLS Bank z.B.: eine Bank mit Konto und Schalter, mit Banksicherheit und Kreditkarte, mit allen Bank-Dienstleistungen, Geldanlagen, Krediten, Zahlungsverkehr und Versicherungen, das Übliche. Aber gleichzeitig eine Bank, die vor allem kulturelle, soziale und ökologische Initiativen unterstützt. Fast 50.000 Kunden hat diese älteste ethisch-ökologische Bank und finanziert mit deren Geld rund 4.000 zukunftsweisende Projekte. Das Besondere: Die Kunden der GLS Bank bestimmen mit, wohin die Kredite gehen. Sie können sagen, ob ihr Erspartes lieber in Umweltinitiativen oder Biobauernhöfe gesteckt werden soll, in Kindergärten oder Seniorenprojekte, in kulturelle oder soziale Arbeit. Und sie können festlegen, ob sie auf

ihre Zinsen verzichten und diese direkt in die Projekte gesteckt werden oder ob sie eine besondere Anlage wählen, bei der sie nicht nur ihr Geld vermehren, sondern auch sicher sind, dass es in sozial- und umweltverträgliche Projekte geht. Also Zinsen und ein gutes Gewissen.
*www.gemeinschaftsbank.de*

## Schlaues Geld/Kritische Aktionäre

Jeder Aktionär hat das Recht, bei der jährlichen Hauptversammlung seines Unternehmens aufzutauchen, eine Rede zu halten, den Vorstand zu loben oder zu kritisieren und seine Dividende einzusacken. Die wenigsten tun das und überlassen ihr Stimmrecht lieber ihrer Hausbank. Und die macht in aller Regel, was sie will. Nun gibt es seit Mitte der achtziger Jahre die »kritischen Aktionäre«, die bei RWE oder Bayer, bei der Deutschen Bank oder Daimler-Chrysler auftreten, die Konzerne kritisieren, Alternativen zur üblichen Gewinnverwendung vorschlagen, gerechte Arbeits- und Produktionsbedingungen und ein Mindestmaß an ökologischer Vernunft und ethischem Verhalten einfordern. Und das Schöne ist: Man kann als Aktionär diesen Kritikern sein Stimmrecht übertragen, die kritisieren dann für einen mit, ohne dass man anwesend ist.
*www.kritischeaktionaere.de*

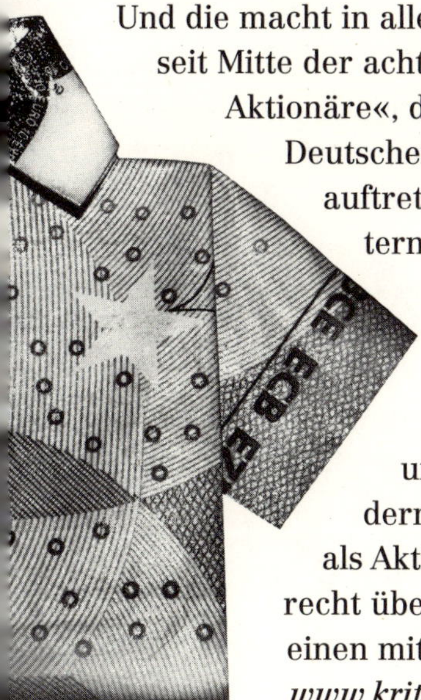

## Greenpeace energy

Niemand liebt Atomkraftwerke, und alle wissen, dass Strom aus Wind, Wasser oder Sonne sauberer und besser für die Zukunft ist. Viele haben von Anbietern regenerativer Energien gehört, von Sonnen- und Windkraftwerken, und würden auch den Strom von dort beziehen, wenn eines in der Nähe, wenn die Lieferung nicht so unklar, die Ummeldung nicht so zeitraubend und die Formulare nicht so kompliziert wären. Aber – es gibt eine einfache Lösung: Greenpeace energy.

Die Umweltaktivisten, bisher eher als Robbenschützer und Walbetreuer unterwegs, nehmen uns den ganzen Bürokratenkram ab. Sie haben eine Genossenschaft gegründet, mit Sitz in Hamburg, die man mit der »Versorgung mit sauberem Strom« beauftragt. Ein einfaches Formular ausgefüllt und unterschrieben, und schon kündigen die Greenpeacer dem alten Lieferanten, egal wer das ist, geben alle Erklärungen für mich ab, schließen neue Nutzungsverträge und übernehmen komplett meine Stromversorgung. 7,85 Euro ist derzeit die monatliche Grundgebühr inklusive aller Steuern, Gebühren und der Zählerablesung, und 18,9 Cent kostet die Kilowattstunde. Sauberer Strom!

*www.greenpeace-energy.de*
*Andere Anbieter:*
*www.ews-schoenau.de*
*www.lichtblick.de*
*www.naturstrom.de*

## Ablasshandel modern/ atmosfair

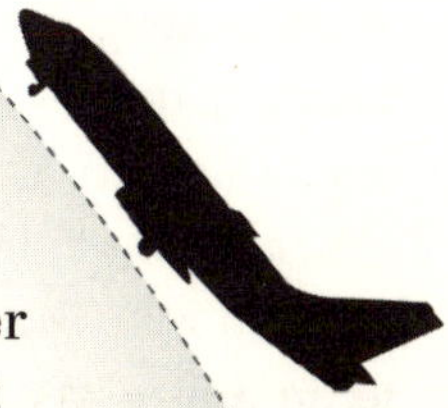

Der Ablasshandel war früher eine tolle Sache. Man ließ die Leute im Großen und Ganzen mit der Religion und der Moral in Ruhe, denn es gab eine einfache Regel: Man zahlte bar ein, und der Klerus machte das dann für einen mit Gott klar. Das war wie eine Art Rechtsschutzversicherung. Moral war was für Fachleute, und wenn man die bezahlt hatte, konnte man machen, was man wollte. Aber Luther hat damit Schluss gemacht: »Weg mit Ablass und Sündenhandel, ihr müsst selbst gute Menschen sein!« Damit ging der Stress los. Diesen inneren Zwang zum Gutmenschentum werden wir bis heute nicht mehr los (wie man auch an diesem Buch sieht!), doch nun naht – wenigstens an einem Punkt – Rettung.

Man macht eine »Dummheit«, die jedoch vergeben ist, sobald man sie zugegeben und einen festgelegten Preis gezahlt hat.

Ein Beispiel: Nicht immer will oder kann man auf einen Flug verzichten, auch wenn klar ist, dass jeder Flug zur Klimaerwärmung beiträgt und dass die Menschen in Bangladesch beispielsweise dadurch von Überschwemmungen bedroht sind. Die Folge: »schlechtes Gewissen«.

Aber wenn man jetzt die Verantwortung für die Folgen seines Handelns übernehmen will, gibt es das Angebot von »atmosfair«, einer gemeinnützigen Gesellschaft von alternativen Reiseveranstaltern und der Entwicklungsorganisation Germanwatch.

Da lernt man dann beispielsweise, dass für einen Flug von München nach Teneriffa und zurück rund 1,7 Tonnen Kohlendioxyd ausgestoßen werden oder dass ein Mittelklassewagen für seinen durchschnittlichen Jahresverbrauch rund zwei Tonnen Kohlendioxyd ausstößt, dass aber das »klimaverträgliche Jahresbudget« eines Menschen bei nur drei Tonnen $CO_2$ liegt. Das ist weniger als zweimal Teneriffa – und wer einmal nach Bangkok (6,34 Tonnen) oder sogar Bali (9,98 Tonnen) fliegt, darf zwei bzw. drei Jahre lang kein Flugzeug mehr betreten und kein Auto fahren.

Atmosfair ermittelt je nach Flugstrecke den persönlichen Anteil an der Emission, rechnet ihn um in Cent und Euro und investiert das Geld in Energiesparprojekte oder Solar- und Wasserkraftenergie, welche dieselbe Menge Treibhausgase einsparen, die der Flug verursacht. Finanziert werden Projekte in Entwicklungsländern. Vorausgesetzt, Sie überweisen den fälligen Betrag – für Frankfurt–Rom sind das beispielsweise 10 Euro und für Berlin–New York 87 Euro. Nicht an den Klerus oder den Papst geht das Geld, sondern an atmosfair. Das Ganze wird per Internet im Handumdrehen ermittelt, kassiert und die Absolution sogar per Zertifikat bestätigt.

»So schlägt man zwei Fliegen mit einer Klappe: Man neutralisiert zwei Katastrophen – die Erderwärmung und Martin Luther!« (Jürgen Becker)
*www.atmosfair.de*

## Pfandflaschen extra

Wer kennt sie nicht, die Flaschensammler, eine Spezies in der Großstadt mit einer exorbitanten Ausbreitungsrate. Größere Menschenmengen oder Partys ziehen sie an, auch Bahnhöfe oder U-Bahn-Stationen. Bepackt mit diversen Tüten und vor allem einem Stock mit verschiedenen Gummikappen, mit dem sie die Pfandflaschen aus den Mülleimern oder Glascontainern fischen. Offenbar ein lukratives Geschäft – 100 Bierflaschen à acht Cent bringen ja stolze acht Euro –, so dass die Stadt Köln eine Verordnung plante, die das Einsammeln der Flaschen verbieten sollte. Schließlich will die Domstadt am Rhein die schönste Kommune Deutschlands werden, obwohl sie fast die dreckigste ist.

Das war der öffentlich erörterte Plan, als plötzlich Aufkleber auf den Glascontainern erschienen, amtlich aussehend und mit städtischem Siegel versehen, die das Durchsuchen der Behälter verboten und deshalb alle Bürger aufforderten, ihre Pfandflaschen künftig »gut sichtbar NEBEN den oben genannten Abfallbehältnissen

abzustellen«. Und obwohl unbekannt blieb, wer diese »Amtsschreiben« angebracht hatte, war der Effekt groß: Die Flaschen standen neben den Tonnen, meist nur für kurze Zeit, große Erleichterung für die Sammler, und die Stadt blieb rein.

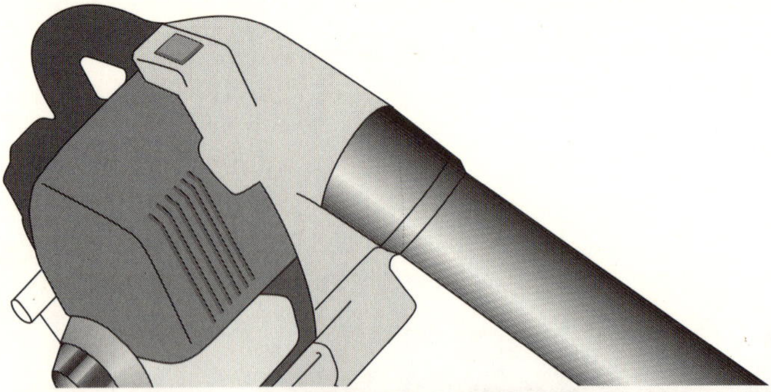

**50 PS MEHR ALS DIE NACHBARN!**

50 PS MEHR ALS DIE NACHBARN!

## Erst kaufen, dann tauschen/ Stoffwechselpartys

Mit Freunden, Bekannten oder Nachbarn gründe ich eine Kaufgemeinschaft für selten gebrauchte Geräte wie einen Häcksler für Gartenabfälle oder extra lange Leitern, einen Beamer oder einen Bohrer. Das geht auch mit dem Auto, dem Campingwagen oder einem Luxuszelt. Das fördert die Kommunikation, bildet Gemeinschaft, spart Geld, ist ökologisch, weil wir die Geräte nutzen, statt sie zu besitzen, und erspart Stress.

Man kann sich auch freitags einen Anzug, einen Hut, Schuhe und alles Mögliche z. B. für die eigene Hochzeit »kaufen«, am Wochenende tragen und am Montag wieder zurückgeben: »War doch zu klein!«

Manche Frauen veranstalten bisweilen Stoffwechselpartys, bei denen sie Klamotten und Kleider mitbringen, die sie nicht mehr wollen und untereinander tauschen.

d

e

n V

x

f

# GENIESSEN

»Denn wir essen Brot, aber wir leben von Glanz.«
(Hilde Domin)

»Selbst in reichen Gesellschaften kann morgen
jeder von uns überflüssig werden.
Wohin mit ihm?« (Hans Magnus Enzensberger)

## Zeitkonto

Beim Aldi, im Kaufhof oder bei der Post schaue ich mir die Schlangen vor den Kassen oder Schaltern ganz genau an und stelle mich dann an die längste Schlange, hintendran. Ganz langsam geht es vorwärts, ich bin nicht mehr eilig und gewinne dadurch Zeit, ein paar Minuten nur, aber Zeit, von der ich vorher noch gar nichts wusste. Ich schaue mich um, beobachte die Menschen, lasse einen Eiligen auch mal vor. Ich freue mich über die gewonnene Zeit und tanke Muße für diesen Tag.

## Sich ein öffentliches Ritual schaffen

Gehen Sie an einem festen Tag, zu einer festen Uhrzeit in ein Café und lesen dort ein Buch oder eine Zeitung, egal. Wiederholen Sie dies jede Woche oder öfter, aber immer zur selben Zeit am selben Ort, schaffen Sie sich Ihr Ritual. Sie werden feststellen, dass sich etwas verändert. Das Wahrnehmen unserer Umgebung ist von ihrer Veränderung abhängig. Wenn wir also zur selben Zeit am selben Ort sind, stellen wir fest, dass doch nicht alles immer gleich und trostlos ist, wir nehmen es nur zu selten wahr. Außerdem hat das Ritual einen sozialen und kommunikativen Effekt. Man wird Sie sehr schnell als Stammgast erkennen, vielleicht lernen Sie jemanden kennen. Sie entwickeln ein Gefühl des Heimischen, das nichts mit Ihrer Wohnung zu tun hat. Dadurch entsteht ein anderer Blick auf sich selbst und das Umfeld, auf die eigene Bedeutung für die Mitmenschen und die Stadt, in der man lebt.

## Spätes Glück

Ein Steiff-Tier im Alter mag zwar lächerlich erscheinen, aber vielleicht müssen Sie sich endlich den Kindheitstraum erfüllen. Kaufen Sie sich doch das Spielzeug, das Sie sich früher nie leisten konnten, an das Sie aber immer gedacht, von dem Sie immer geträumt haben. Vielleicht ist es Ihnen ja auch vorenthalten und verwehrt worden, aber jetzt können Sie sich selbst glücklich machen: Trauen Sie sich!

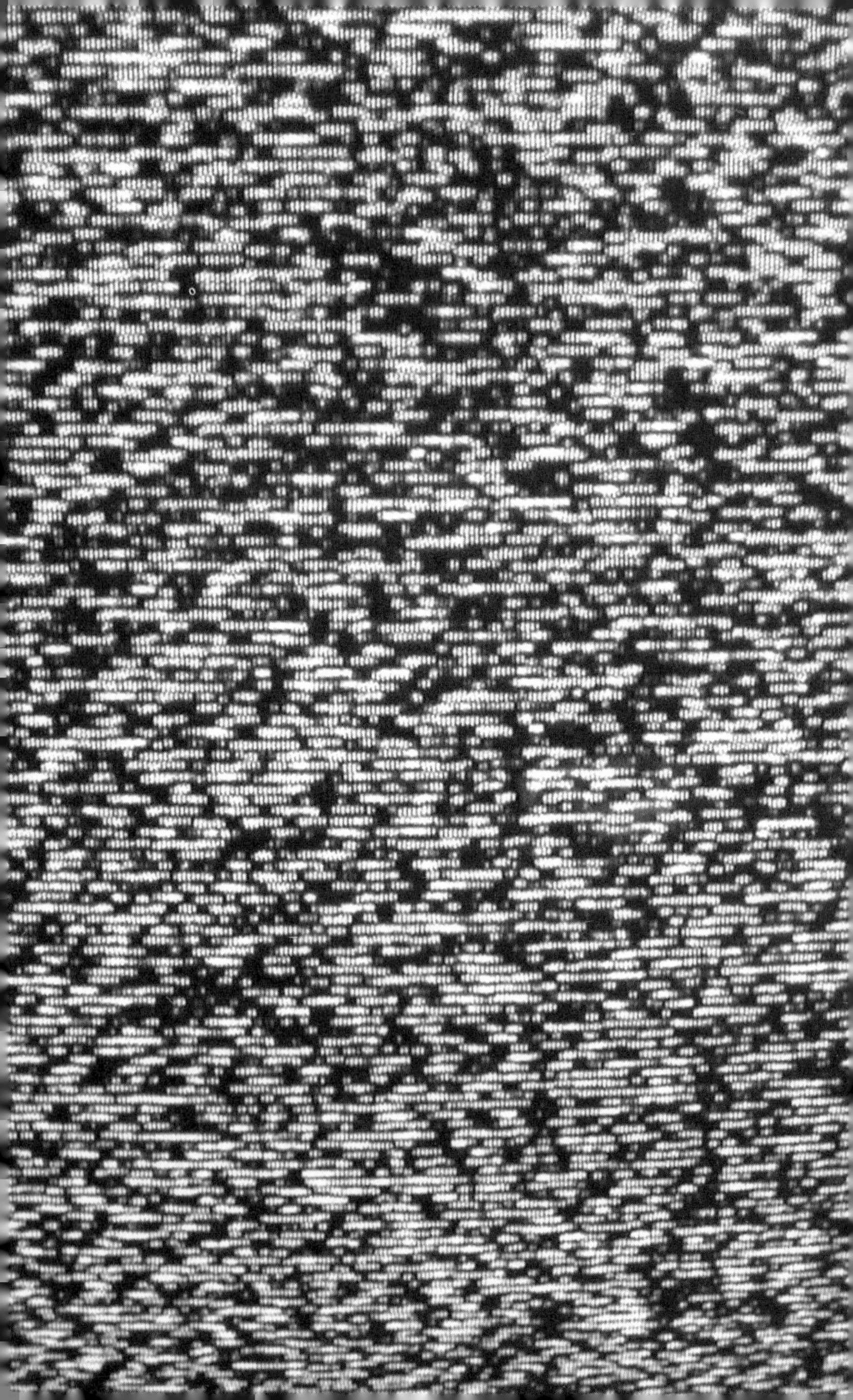

## Heute kommt ... nichts!/Fernseher aus

Die Glücksforscher machen uns aber auch den schönsten Tatort mies: Fröhliche Leute verbringen nicht einmal ein Fünftel der Zeit vor dem Fernsehen wie Durchschnittsbürger. Die Erklärung der Wissenschaftler: Fernsehen erreicht seine Quoten mit Katastrophen, Morden, schlechten Nachrichten. Wer darauf verzichtet, hat ein helleres Weltbild. Und der Londoner Physiologe Leon Kaplan hat erforscht: Fernsehen leert den eigenen Speicher des Wohlfühl-Hormons Endorphin. Wer drei Stunden ferngesehen hat, kann sich unmöglich noch leicht und fröhlich fühlen, egal was er gesehen hat. Deshalb legen Sie ab und zu mal ein großes buntes Handtuch über den Fernseher! In Abwandlung der Grillhähnchen-Werbung aus Kindertagen gilt: »Heute bleibt der Bildschirm kalt, wir wandern durch den Westerwald!«

## Der andere Sportverein

Manchmal stößt man auf Menschen, die im Rollstuhl durch die Stadt gefahren werden. Bisweilen treten sie in Rudeln auf, und jeder hat eine Decke über den Beinen. Vor allem Letzteres ist ein Indiz dafür, dass es sich nicht um Behinderte handelt, sondern um Studenten der Sozialpädagogik oder Teilnehmer eines Seminars, die sich in die Rolle von Behinderten hineinversetzen sollen. Das ist aber weder witzig noch wirklich sinnvoll.

Wer tatsächlich Integration vorantreiben will, wendet sich zum Beispiel an einen Sportverein, der Behinderte und Nicht-Behinderte gemeinsam aufnimmt und die es inzwischen in fast allen größeren Städten gibt. Gerade Menschen, die sich für unsportlich halten, aber dringend Bewegung brauchen, finden hier verständnisvolle, aber ehrgeizige Mitstreiter. Die Frage, wer hier eigentlich behindert ist, bleibt dann noch zu klären.

*www.info-behindertensport.de*

*Jürgen Becker erzählt:*
*»Sponsorenläufe kennt jeder. Firmen zahlen für jeden gelaufenen Kilometer einen Euro, und die gesammelte Summe wird dann einem guten Zweck zugeführt. Das Ganze gibt's jetzt auch unter Wasser. In Leverkusen habe ich an einem Sponsorenschwimmen teilgenommen. Einige Bahnen waren abgetrennt, und neben mir schwamm eine Frau, die keine Beine hatte. Sie war mehr als doppelt so schnell wie ich. Ich sagte: ›Das ist hier nichts für mich, ich wechsle lieber zu den Bahnen mit den dicken Kindern.‹ Da kam ich einigermaßen mit. Wie sich später herausstellte, war die schnelle Dame Paralympics-Siegerin.«*

## Würfel allein

Immer wieder finden die Archäologen in den Gräbern oder in den Kloaken unserer Vorfahren unten allen täglichen Überresten auch Würfel. Kleine, helle oder dunkle, aus Holz oder Bein, aber immer nach demselben Prinzip geschnitzte Würfel: sechs Seiten, gleichgroße Flächen und darauf Zahlen oder Zeichen. Die Menschen würfelten offenbar immer schon gern. Sie spielten so wie wir heute auch und wohl auch gegeneinander. Aber wer würfelt schon mit sich selbst, spielt ein wenig Schicksal?

Wenn Sie unsicher sind oder traurig, sich nicht entscheiden können oder wollen, die Unlust Sie quält und der Antrieb fehlt, oder auch wenn Sie neugierig sind auf Unbekanntes und Unerwartetes, Sie das Schicksal juckt und Sie es ausprobieren wollen, dann würfeln Sie!
Legen Sie aber vorher fest, was die Zahlen hinterher verlangen, z. B.:
1: Ich lade einen Unbekannten zu einer Tasse Kaffee ein.
2: Ich verzichte heute auf Alkohol.
3: Ich koche für einige Freunde ein spontanes Abendessen.
4: Ich belege einen Kurs im Fitnessstudio.
5: Ich pflanze eine Blume.
6: Ich kaufe mir eine Mundharmonika.

## Rauchfrei online

Ein Angebot im Netz nur für Raucher, die aufhören wollen, und keine Kampagne, Raucher umzustimmen: Wer aufhören will und Probleme damit hat, bekommt hier alle Tipps, Tricks und Hilfen, die per Internet möglich sind. Die Teilnehmer bereiten sich online und interaktiv intensiv auf den Tag X, den ersten rauchfreien Tag, vor. Danach werden sie noch ein ganzes Jahr begleitet, und nach 365 rauchfreien Tagen gibt's eine Urkunde als anerkannter Nichtraucher. Im Unterschied zu den meisten Entwöhnungskampagnen werden die Teilnehmer in der rauchfreien Zeit nicht allein gelassen. Besonders beliebt sind die Kontakte der Teilnehmer untereinander: öffentliche Tagebücher, Foren rund ums Rauchen, oder Chats, in denen sich die unter »Schmacht« leidenden Exraucher gegenseitig aufmuntern.

Jeder Teilnehmer ist eigenverantwortlich und als Projektleiter für seinen Erfolg verantwortlich. Entwickelt und organisiert wird rauchfrei-online von Dietmar Elsner, einem Projektleiter im Ruhestand, der durch mehrere Tabaktote in seinem Bekanntenkreis dazu motiviert wurde. Die Seite ist werbefrei und kostenlos.
*www.rauchfrei-online.de*

## Der Letzte macht das Licht aus ...

Zehn Dinge, die jeder tun kann. Sie sind zwar nicht neu und etwas aus der Mode gekommen, aber es schadet nicht, daran zu erinnern, wie uncool es auch klingen mag:

- Glühbirnen durch Energiesparbirnen ersetzen
- Warmwasser sparen
- Die Spülmaschine erst anmachen, wenn sie voll ist
- Wäsche auf der Leine trocknen lassen statt im Trockner
- Elektrogeräte, die gerade nicht benutzt werden, abschalten, am besten den Stecker rausziehen
- Möglichst wenig Auto fahren
- Nahrungsmittel aus der Region kaufen
- Produkte mit viel Verpackung boykottieren
- Weniger heizen
- und sich warm anziehen

## Schlafplatztausch

Werde Mitglied im internationalen Schlafplatztausch. Biete Menschen die Möglichkeit, bei dir zu übernachten, und im Gegenzug ist die ganze Welt dein Zuhause. Mit Sicherheit ergeben sich daraus Bekanntschaften, vielleicht sogar längerfristige, und du lernst die Welt kennen. Die Chance auf einen Einblick in fremde Kulturen ist inklusive und eine Prise Abenteuerlust auch.
*www.roomexchange.net*
*www.deutsch.hospitalityclub.org*
*www.globalfreeloaders.com*

Meine Schlafplätze:

# KÄMPFEN

In Zeiten von Massenentlassungen lohnt ein Blick ins etymologische Lexikon. Sabotage kommt vom französischen »sabot«, der Holzschuh. Wenn die Arbeiterinnen und Arbeiter in den Spinnereien des 19. Jahrhunderts ihre Kinder nicht mehr ernähren konnten und streiken mussten, warfen sie die Holzschuhe in die Spinnmaschinen.

»Wir sind alle entfremdet, entfremdet von den Institutionen, entfremdet vom Staat, entfremdet wiederum von Menschen, die sich selbst entfremdet sind. Diese Entfremdungsverhältnisse muss man brechen. Man muss versuchen, für sich selbst und für die anderen zu leben ... Und man muss versuchen, für die zu handeln, die in der gegenwärtigen Situation am meisten bedroht und an den Rand gedrängt sind. Darin liegt die Wahrheit. Es gibt keine andere.« (Jean-Paul Sartre)

## Dress für Access/Kleiderkammer für Business

Die Idee entstand aus einem traurigen und einem schönen Anlass. In einem armen Viertel wurde deutlich, wie schwer es vielen fällt, bei Beerdigungen schwarze Trauerkleidung zu kaufen. Und wie teuer für die Familien die Anschaffung eines Erstkommunion-Kleides oder -Anzugs ist. So sammelt die örtliche Kleiderkammer in einer Spezialabteilung schwarze Mäntel, Anzüge und Kleider und hat nach und nach ein Lager von gut hundert Erstkommunion-Bekleidungsstücken aufgebaut.

Inzwischen kommen auch Menschen von außerhalb und bedienen sich. Arbeitskleidung war die nächste Idee. Wer einen Job bekommt, muss heute oft Sicherheitsschuhe, Kittel oder Latzhose selbst stellen. Viele Rentner horten oft noch neue Sachen, seltsamerweise sehr oft Arbeitsschuhe, und geben sie gerne ab. Feine Sachen gibt es für das Vorstellungsgespräch, und die suchen viele Jugendliche. Manche haben weder Anzug noch Blazer oder ein seriöses, vornehmes Kleid. Eine Typberatung rundet diese Abteilung ab.

## Der Eisberg schmilzt

Auf den ersten Blick eine verrückte Idee: Ein Eisberg schmilzt auf dem Gehweg vor der Kanzlei einer Rechtsanwältin, die sich seit Jahren um Asylbewerber kümmert. Ein anderer schmilzt vor der Begegnungsstätte für wohnungslose Frauen mit Notschlafstelle, geleitet von Ordensschwestern jenseits des Rentenalters. Und ein dritter schmilzt vor der Zuflucht ausländischer Drogenabhängiger: also immer dort, wo die soziale Kälte schmilzt und wo Menschen einen Wärmeort gefunden haben, die durch alle sozialen Netze gefallen sind.

Der Eisberg ist wirklich einer. In Eimern gefrorenes Wasser, aus heimischen Tiefkühltruhen, vom Metzger und beim Eiscafé (große Tiefkühlanlagen!) oder fertig gekauft bei professionellen Kühlhäusern – das ist aber teuer.

Der Sinn des Ganzen? Aufmerksamkeit für die, die im Stillen das »Sozialkapital« der Gesellschaft erwirtschaften. Die viel soziale Wärme produzieren. Ein Eisberg schmilzt langsam. Auch im Sommer braucht es einige Tage, bevor ein vielleicht zwei Meter hoher Berg aus etwa hundert Eimern Eis geschmolzen ist. Man kann auch vorher Sonnenblumen mit einfrieren, die langsam aus dem Eis auftauen.

## Think global, act local!/Meine und deine Meinung

Sie können eine einzelne Plakatwand mieten, meist im Zehn-Tage-Rhythmus. Oder mehrere. Es ist ziemlich billig. Da die Menschen in den Werbefirmen meist kreative Köpfe sind, finden sie eine solche Idee gut, auch wenn es natürlich mehr Profit bringt, gleich tausend Tafeln zu vermieten.

Was soll drauf? Natürlich Ihr Anliegen oder das Projekt Ihrer Gruppe: das Tanzprojekt der Schule, die neuen Angebote des Eine-Welt-Ladens, oder auch Ihre Forderung vor Ort, wie ein Bolzplatz für die Kids! Aufmerksamkeit ist sicher, denn das ganze Viertel kriegt es mit. Ihre Stärke ist ja der lokale Bezug.

Manche Firmen sind bereit, Ihnen die Flächen mit weißem Papier zu bekleben. Dann können Sie darauf sprühen oder malen. Oder Sie malen auf dickem Papier vor und kleistern selbst. Natürlich ist es auch eine schöne Sache, mit einer ganzen Gruppe auf Leitern zu stehen und die Wand zu bemalen! Allein das bringt Resonanz und wird zum Gespräch im Viertel.

## Legal für Illegal

Der Malteser Hilfsdienst, eine eher konservative Hilfsorganisation, organisiert in vier deutschen Großstädten, Berlin, Frankfurt, München und Köln, Migranten-Medizin für Menschen ohne Krankenversicherung, darunter viele Illegale, »Menschen ohne Papiere«. Für Köln etwa schätzt man rund 25.000 Menschen ohne legalen Aufenthaltsstatus. Hier öffnet ein Chefarzt für Innere Medizin, jetzt im Ruhestand, zusammen mit zwei Ärztinnen und einer Krankenschwester einmal wöchentlich die Notfallpraxis auf einem Krankenhausgelände. Manchen kann sofort geholfen, andere müssen zu Spezialisten vermittelt werden. Hierfür existiert ein Netzwerk von fünf Kliniken und rund 40 Fachärzten. Alles geschieht ehrenamtlich, aber professionell; nur für Sachkosten, z.B. bei Operationen, werden Spenden gesammelt.

*Näheres zur Malteser-Migranten-Medizin unter dem Stichwort »Soziales Ehrenamt« unter »Dienste und Leistungen« bei: www.malteser-koeln.de*

## Multiformen statt Uniform

Da jeder weiß, wie sehr in unserer Gesellschaft Uniformen wirken, sollte man an Menschen, die das brauchen, einfach orangefarbige Westen verschenken. Denn das wirkt wie eine Uniform und reicht völlig aus, etwa für eine Feier eine Straße zu sperren. Außerdem ist die Erfahrung, einmal Einfluss zu haben, doch auch sehr reizvoll.

## Privatasyl

Im Sommer 2005 sollte die damals 17 Jahre alte Frankfurter Schülerin Aferdite Hasanaj in den Kosovo abgeschoben werden. 6 Wochen vor ihrem Realschulabschluss und ohne Chance auf Rückkehr. Die Eltern eines Mitschülers nahmen das Mädchen spontan in ihre Familie auf, um sie zunächst einmal vor dem Zugriff der Behörden zu schützen.

Die junge Albanerin lebt seit 1992, d.h. seit ihrem vierten Lebensjahr, in Deutschland, immer in dem unsicheren Status einer Kettenduldung. Sie war trotzdem eine gute und immer engagierte Schülerin der Haupt- wie der Gesamtschule und besucht inzwischen, Ende 2006, die gymnasiale Oberstufe. Aferdite Hasanaj war mehrfach Klassensprecherin, ist engagiert im Stadtschülerrat, hat die besten Leistungen und trotzdem: Diese Republik will sie nicht. Aber eben nicht die ganze Republik. Die Frankfurter Familie, die Mitschüler, die mobilisierte Öffentlichkeit fragen: Was hat dieser Staat gegen eine 18-Jährige, die perfekt die Sprache beherrscht, die engagiert und integriert ist und dank der Kostenübernahme der Gastfamilie den Staat nichts kostet, also alles erfüllt, was immer verlangt wird in den Sonntagsreden? Warum soll sie fort?

Dass sie nicht fort ist (jedenfalls bis Redaktionsschluss dieses Buches), liegt allein am Engagement der Familie von Chris und Bernhard Jahn-Mühl, die privates Asyl gewährten, wo die Behörden versagten, und mit ihrer Eigeninitiative die Abschiebung zunächst verzögert, wenn nicht am Ende ganz verhindert haben.

## Esel-Initiative

Über 5.000 Esel hat die Bonnerin Stefanie Christmann mit Hilfe von Spenden bisher gekauft und über die dortige Frauen-Union an alleinerziehende und besonders notleidende Frauen in Eritrea verschenkt. Ein Esel bedeutet für viele Frauen in Eritrea nicht nur eine Entlastung von der Schwerstarbeit des Wasserschleppens, sondern ermöglicht ihnen auch Selbständigkeit und bietet eine zuverlässige Einkommensquelle. Die Frauen verändern das traditionelle Rollengefüge und demonstrieren, dass sie nicht zur Armut verdammt sind. Sie können für ihre Familie das Lebensnotwendigste erreichen: genug Wasser, Brennholz zum Kochen, drei Mahlzeiten am Tage, Schule für die Kinder und, vor allem, frei sein von Angst, am nächsten Tag keine Arbeit zu finden.

Die Frauen erhalten weibliche Tiere, damit sie selbst Esel-Nachwuchs aufziehen können. Daneben werden auch männliche Esel gekauft als Reittiere für Hebammen. Der erste größere Wunsch, den sich die Frauen mit dem selbst erwirtschafteten Geld erfüllen, ist es vielfach, das Dach ihres Hauses auszubessern oder es neu zu decken. Der Esel bringt auch eine neue Rollenverteilung in die Familie:

Wasserschleppen ist traditionell Aufgabe nur der Frauen und Mädchen, aber mit einem Esel gehen auch die Jungen Wasser holen, und für die Töchter bedeutet das, mehr Zeit zu haben für sich, für die Schule oder vielleicht auch zum Spielen.

Ein Esel kostet zusammen mit einem 80-Liter-Wassercontainer für die alleinerziehenden Mütter ca. 110 Euro und der für die Hebammen ca. 90 Euro.

*Literatur: Stefanie Christmann, »Askalu will einen Esel« und »Eskalu und ihr Esel Senait«, Horlemann-Verlag, Bad Honnef, 2002 und 2004*
*Spendenkonto: 10657575 Stadtsparkasse KölnBonn, BLZ 37050198, www.esel-initiative.de*

## Ruhe unbekannt/Obdachlosengräber

Wenn Obdachlose in Deutschland sterben, ist das Ordnungsamt zuständig, sucht einen Bestatter aus, nach alphabetischer Reihenfolge, und bestellt die Beerdigung: Einäscherung, ohne Trauerfeier, und anonyme Bestattung. Das ist billig, aber üblich. In Köln ist es einigen Leuten zu billig, dass diese Menschen von der Platte selbst im Tode noch namenlos sind und bleiben. Sie haben eine »Interessengemeinschaft Bestattung obdachloser Menschen« gegründet, damit Menschen, die schon im Leben kaum Spuren hinterlassen haben, wenigstens im Tode nicht spurlos von der Erde verschwinden. Sie organisieren die Beerdigung, begleiten die Trauerfeier und sorgen für einen Grabstein.
*Spendenkonto »Obdachlosengrab«:*
*Konto 14754040, Pax Bank Köln, BLZ 37060193*

## GEGEN PRIVATISIERUNG

Die GAG ist ein gemeinnütziges Wohnungsunternehmen in Köln mit fast 42.000 Wohnungen. Aber sie ist vor Ort kein anonymer Vermieter – die GAG ist da engagiert, wo es Defizite gibt, wo z. B. viele Arbeitslose und Sozialhilfeempfänger leben, sie organisiert Fußballturniere, baut Bolzplätze, beschäftigt Anti-Gewalt-Trainer oder sponsert Streetworker. Die GAG bietet Jugendlichen ohne gradlinig geschliffenen Lebenslauf Praktikumsplätze als Hausmeister-Assistent an, und wer sich engagiert und geschickt anstellt, erhält eine Festanstellung.

Die GAG wurde 1913 von engagierten Bürgern, u. a. von dem reichen, aber mildtätigen Bankier Ernst Cassel, gegründet. Heute ist sie eine städtische Beteiligungsgesellschaft und hat den satzungsgemäßen Auftrag, breite Bevölkerungsschichten mit preiswertem Wohnraum zu versorgen.

Immer mehr Großstädte verkaufen ihre Wohnungsbaugesellschaften an private Investoren, oft aus den USA. Die Folge ist meist, dass die Mieten steigen, Wohnungen verkauft werden und dass der Gestaltungsspielraum der Kommunen enger wird. In Köln konnte die Privatisierung der GAG wie durch ein Wunder verhindert werden. Zwei Jahre öffentlicher Streit, Debatten und Demonstrationen, Druck durch Bürger, Kirchen und Gewerkschaften, dazu der Mietverein, der alles finanziert und sogar Leute angestellt hat, haben dazu geführt, dass einige Politiker buchstäblich in letzter Sekunde umgeschwenkt sind und im Stadtrat ihre Zustimmung verweigert haben. Es hat sich gelohnt.

## Return to sender …

Man kann auch ohne Geld (sogar international) Briefe per Post versenden: Einfach auf den Briefumschlag an die Stelle des Adressaten den Absender und auf dem Feld für den Absender den Adressaten schreiben und – keine Briefmarken verwenden, sondern so in den Kasten werfen. Dann geht der Brief »zurück an den Absender«, hier also an den Adressaten. (Das funktioniert, wurde schon mehrfach getestet.)

**VERDAMMTE FRECH**

**EINE UNVERSCHÄMT**

## Mal ordentlich jemanden zusammenscheißen

Political Correctness schön und gut, aber man muss auch mal fies sein dürfen. Vielleicht lässt sich ja sogar beides verbinden. Zum Beispiel ein Kiosk, der die NPD-nahe »National-Zeitung« verkauft, das Zentralorgan der braunen Brandbeschleuniger, man entdeckt das immer öfter. Jetzt verlassen wir mal den Weg des politischen Dialogs und üben den gepflegten Wutanfall. Schnauzen Sie lauthals und für alle Passanten hörbar in das Büdchen, was das denn für ein Sauladen wäre, was für eine nationalsozialistische Drecksbude, ob er auch den »Stürmer« hätte oder womöglich Zyklon B unter dem Ladentisch, eine Schande für das Land der Dichter und Denker, den braunen Pöbel mit Propaganda heranzuzüchten, wenn das der Führer wüsste usw.

Lassen Sie den Knallkopf hinter dem Tresen nicht zu Wort kommen. Und sollte er dann noch so etwas wie Pressefreiheit dazwischenfaseln, dann beenden Sie Ihren Wutanfall: Diese Kameraden wollen die Pressefreiheit doch abschaffen, und dann könne er seine Bude mangels Angebot zumachen. »Nur die allerdümmsten Kälber wählen ihren Metzger selber!« Dann nehmen Sie das Pamphlet aus dem Ständer, pfeffern es dem Deppen um die Ohren und verschwinden so schnell, wie Sie gekommen sind. Erzählen Sie Freunden davon und fragen Sie, ob die das am nächsten Tag auch mal probieren wollen. Zugegeben, anfangs kostet es Überwindung, doch beim zweiten und dritten Mal klappt das schon besser und macht sogar richtig Spaß.

Noch besser funktioniert das Ganze, sollten Sie die rechtsradikale Postille im Supermarkt entdecken. Türmen Sie einen Einkaufswagen so voll es geht und achten Sie darauf, dass teure Produkte wie Champagner oben liegen. Nun halten Sie an der Kasse das Blatt der Kassiererin vor die Nase und verlangen Sie den Geschäftsführer! Und dann machen Sie diesem unmissverständlich klar, dass Sie in seinem Laden nichts mehr kaufen, solange dieses Blatt angeboten wird. Lassen Sie den vollen Einkaufswagen stehen und gehen Sie. Die optische Demonstration des Umsatzverlustes wirkt Wunder. Spätestens beim dritten Mal ist das Blatt aus dem Sortiment.

## ES IST BILLIG UND RECHT

Epikie ist ein Grundbegriff der aristotelischen Ethik. Im sechsten Buch der nikomachischen Ethik erklärt Aristoteles, dass man manchmal etwas Verbotenes tun muss, um dem Sinn des Gesetzes zu entsprechen. Wahrscheinlich denken die meisten nun an den Tyrannenmord. Der kommt aber nicht so oft in Frage. Daher hier ein aktuelles Beispiel. In einer deutschen Stadt klebt eine ziemlich rechte Partei vor der Kommunalwahl Plakate mit der Aufschrift »NEIN zur Groß-Moschee!«. Geschickterweise hängen die Plakate oft direkt vor den christlichen Kirchen. Einige muslimische Frauen kommen zum Pfarrer und sagen: »Ist das die Meinung deiner Gemeinde? Viele denken so!« Was muss nun der Pfarrer tun? Um den Frieden im Viertel zu wahren, hängt er die Plakate ab. Die taz berichtet darüber, der Pfarrer wird angezeigt, denn es handelt sich ja um Diebstahl. Der Staatsschutz verhört ihn, er bezahlt 500 Euro und sichert zu, dass er dies nicht mehr tun will. Trotzdem war es recht und billig, was er gemacht hat. Epikie!

## Für Tote schuften

Experten schätzen, dass rund die Hälfte aller Grabsteine, die in Deutschland verarbeitet werden, aus Indien kommen. Andere Experten wissen, dass diese Steine aus Sandstein- oder Marmorsteinbrüchen stammen, in denen häufig Kinder unter 14 Jahren arbeiten müssen. Ausbeutung von Kindern, häufig Sklavenarbeit, Abhängigkeit durch fiktive Schulden, gewaltsame Verschleppungen in die Steinbrüche, alles das sind gravierende

Menschenrechtsverletzungen, die man den Grabsteinen nicht ansieht. Eine Folge der Globalisierung: Billigimporte zu Dumpingpreisen. Aber am Ende hat der Kunde die Entscheidung, und sei es der tote Endverbraucher bzw. dessen Erbe und Angehöriger.

Benjamin Pütter, der Kinderarbeitsexperte von Misereor, hat diesen Skandal vor Ort untersucht und recherchiert und eine Alternative entwickelt: ein zertifiziertes Siegel für Steine aus Indien, die garantiert ohne Kinder- und Sklavenarbeit hergestellt sind. Die Steine sind nur 2 Prozent teurer, aber die Organisation arbeitet mit indischen Steinexporteuren zusammen und kümmert sich mit Initiativen vor Ort auch um die finanzielle Unterstützung und das Wohl der von der Sklavenarbeit befreiten Kinder.
*www.xertifix.de*

## FÜR FORTGESCHRITTENE/ GRUNDEINKOMMEN FÜR JEDEN

**Viele Ideen in diesem Buch packen das Übel nicht an der Wurzel? Dann mal ran:**

**Ein Jugendlicher mit Realschulabschluss macht eine Drogerie-Lehre, das ist einige Jahre her. Später eröffnet er seinen ersten eigenen Laden, und heute umfasst seine Drogeriemarktkette »dm« europaweit 1.500 Filialen, in denen 23.000 Menschen mehr als 3 Milliarden Euro Umsatz erwirtschaften. Bei seiner Unternehmensführung stellt er den Menschen in den Mittelpunkt. Was noch verblüffender ist: Er bereichert die politische Diskussion um die Zukunft der Arbeit mit einem fast schon absurd klingenden Vorschlag: das bedingungslose Grundeinkommen für jeden. Das ist ein Betrag, den jeder Bürger vom Staat erhält, ohne dass von ihm eine Gegenleistung erwartet wird – und somit eine Grundsicherung, die dem Menschen seine Würde lässt. Die Gleichsetzung von Arbeit mit Erwerbsarbeit wäre aufgehoben, selbst bestimmte Leistung für jeden ermöglicht.**

*Götz Werner: »Einkommen für alle. Der dm-Chef über die Machbarkeit des bedingungslosen Grundeinkommens«, Verlag Kiepenheuer & Witsch, Köln 2007; Information zum Grundeinkommen: www.unternimm-die-zukunft.de*

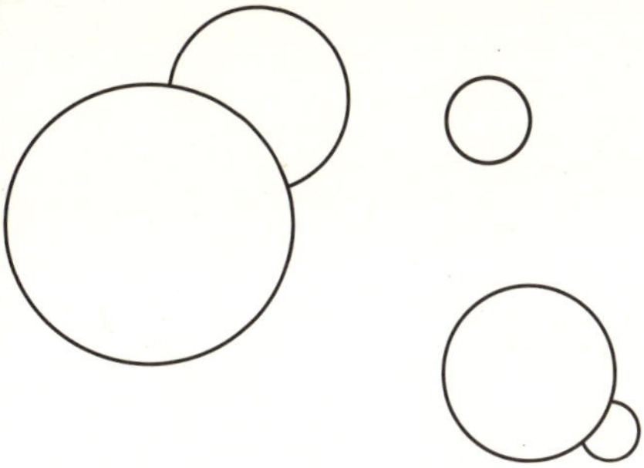

Ob dieses Modell so funktioniert oder nicht, kann an anderer Stelle diskutiert werden.

Fest steht: Götz Werner hat Schwung in den politischen Diskurs gebracht, das Denken von Utopien jenseits von Hartz IV wieder gesellschaftsfähig gemacht. Thüringens Ministerpräsident Dieter Althaus macht z. B. einen Vorschlag zum Bürgergeld, der Elemente des Werner'schen Modells enthält, wenn auch weit weniger radikal. Also: Keine Angst vor neuen Ideen!

# EIN HEIMWERKER-BOOM AUF SOZIALER EBENE

*Ein Gespräch mit Gabriele Kraiczek (WDR)*

*Kraiczek:* Als ich zum ersten Mal den Titel eures Buches gelesen habe, war ich schon ziemlich überrascht. Hat euch jetzt der Heimwerker-Boom erwischt?

*Stankowski:* Mir gefällt an dem Titel vor allem, dass er keinen moralischen Unterton hat und trotzdem optimistisch stimmt.

*Becker:* Entscheidend ist, Lust und Freude an neuen Ideen zu wecken. Das macht ja Baumärkte so attraktiv: Man bekommt Werkzeuge an die Hand, um irgendetwas zu basteln, zu verbessern, zu verändern: eine Art Heimwerker-Boom auf sozialer Ebene.

*Meurer:* Genau, das Buch soll deutlich machen: Wenn ich mich selbst glücklich machen will, muss ich mich um andere kümmern. Hannah Arendt hat gesagt: Wir dürfen nicht nur arbeiten, wir dürfen nicht nur Dinge herstellen, sondern wir müssen auch handeln. Handeln heißt Vernetzung, einen Faden ins Gewebe bringen – sofort ändert sich das ganze Muster.

*Stankowski:* Aber, lieber Franz, damit erklärst du, wie der Motor funktioniert. Aber jeder Motor hat einen Starter, und der ist mein Problem. Das heißt: Wir alle wissen seit langem um die Notwendigkeit der Veränderung – und es passiert nichts. Ich habe die Erfahrung gemacht, dass das mit dem moralischen Ansatz einfach nicht funktioniert.

*Meurer:* Du hast recht. Erst wenn ich die Erfahrung von etwas Positivem gemacht habe, bin ich selbst positiv gestimmt. Vielleicht ist das der Unterschied zwischen Moral und Optimismus: Optimismus ist sinnlich und lustbetont.

*Stankowski:* Es funktioniert jedenfalls nicht ohne eine gehörige Portion von Eigeninteresse. Wirtschaftswissenschaftler nennen das »Win-win-Situation«.

*Becker:* Ich sag immer: Moral ist nur erträglich, wenn sie doppelt ist.

*Stankowski:* Wir haben ja auch nur Ideen ausgewählt, von deren Umsetzung man selbst etwas hat. Die Leute kennen aus der Bergpredigt meist nur die erste Hälfte des Satzes »Liebe deinen Nächsten ...«. Dann geht es aber weiter: »... wie dich selbst«. Das heißt: Eigenliebe ist der Maßstab der Nächstenliebe. Psychologisch gewendet: Erst wenn ich die Erfahrung mache, dass mir geholfen wird, bin ich bereit zu helfen.

*Kraiczek:* Also gut, ihr wollt, dass ich eure Werkzeugkiste nehme und die Rolle der Weltverbesserin spiele. Und wie wollt ihr mich davon überzeugen, dass ich diese Rolle nicht unverbesserlich langweilig und moralisch finde?

*Becker:* Wir betonen die Freude daran, etwas zu riskieren. Erinnert ihr euch an diesen Mann, der vor rund dreißig Jahren einfach einen uralten Rollschuh mit einer Haushaltskordel unter einen Koffer gebunden hat? Seine Frau fragte: »Hast du keine Angst, dich zu blamieren?« – »Nee«, antwortete er, »ich geh damit auf die Erfindermesse.« Heute hat jeder Koffer Rollen. Das war eine geniale Erfindung. Und der Mann hatte keine Angst, sagte, ich probier das einfach mal. Ich glaube, es gibt viele Ideen, die so in der Luft liegen. Das ist gar nicht moralisch. Das ist einfach entzückend.

*Meurer:* Vor allen Dingen belehren wir nicht. Wir haben nur Ideen gesammelt.

*Becker:* Du meinst: Sollte es moralisch klingen, dann wären wir nicht schuld.

*Stankowski:* In diesen Tagen habe ich viel darüber gelesen, dass man sich im Internet seinen eigenen $CO_2$-Ausstoß – beim Kühlschrank, beim Auto, beim Fliegen – errechnen lassen und entsprechend in ökologisch sinnvolle Projekte investieren kann. Ich glaube, dieses moderne Ablasswesen liegt absolut im Trend, um die Schere zwischen subjektivem Handeln und objektivem Wissen aushalten zu können. Ich habe zum Beispiel vom Fliegen noch keinen persönlichen Schaden, also steige ich weiter ins Flugzeug. Ich weiß aber, dass die Scheiß-Fliegerei auf Dauer die Lebenswelt schädigen wird. Konkreten Schaden habe ich im Augenblick allein bei schlechten Lebensmitteln. Alle anderen Sachen, die wir als so genannte gesellschaftliche Missstände kritisieren, haben für mich als Mittelschichtler bis jetzt kaum eine Auswirkung. Deswegen ist immer wieder die Frage: Wie motivieren wir uns?

*Meurer:* Interessant ist ja, dass du als Zyniker überhaupt mitmachst.

*Stankowski:* Ich bin Agnostiker, kein Zyniker.

*Meurer:* Okay, aber du kannst am besten zuspitzen, wie sinnlos alles doch sein könnte. Nur warte mal ab, bis du ein Pflegefall bist oder deine Enkel in den Kindergarten gehen, und wir haben schlecht ausgebildete Kräfte ...

*Kraiczek:* Mal angenommen, ich lasse mich auf das Spiel ein und schlüpfe in die Rolle der Weltverbesserin: Wessen Welt verbessere ich denn überhaupt? Der Mann mit dem Rollschuh unterm Koffer hat ja primär seine eigene Welt verbessert, da er mit der Erfindung viel Geld verdient hat.

Die Leute, die früher die Welt verändern wollten, haben eher nicht an sich selbst gedacht.

*Stankowski:* Ja, aber das war der Fehler. Wenn wir nicht kapieren, dass es um unsere Welt geht, um unsere eigenen Vorteile, dann hat das keinen Zweck.

*Becker:* Außerdem hat der Mann mit dem Koffer ja auch meine Welt verbessert. Wenn ich verreise, bin ich froh, dass ich den Koffer nicht schleppen muss, sondern hinter mir herziehen kann. Dass der Mann durch sein Patent jetzt mehrere Koffer voller Geld hat, ist doch schön – mit Rollen drunter.

*Kraiczek:* Aber als Vertreterin dieser modernen Leistungsgesellschaft, die wenig Zeit hat, immens unter Druck steht und vor allen Dingen ein großes Sicherheitsbedürfnis hat, frage ich mich schon, wer mir garantiert, dass das alles funktioniert, was ihr da geschrieben habt!

*Meurer:* Sie müssen ja nicht unbedingt etwas selbst machen. Sie können durch das Buch zum Beispiel auf die Idee kommen, sich von Kindern Ihren Stadtteil zeigen zu lassen oder mal den Bouleplatz in Ihrem Viertel zu besuchen.

*Stankowski:* Das ist die eine Seite: von Angeboten zu erfahren, die ich nutzen kann, an denen ich Vergnügen habe und durch die ich soziale Kontakte gewinnen kann. Außerdem haben wir Möglichkeiten zusammengetragen, die helfen, manche Notwendigkeiten anders machen zu können. Wir wissen zum Beispiel alle, dass die großen

Energiekonzerne in Deutschland Halsabschneider sind; trotzdem haben sich bis jetzt kaum ein Prozent aller Endverbraucher dazu entschlossen, zu einem der alternativen Energieanbieter zu wechseln, wahrscheinlich weil sie den Aufwand fürchten. Aber der ist überhaupt nicht groß.

*Becker:* Einfach bei Greenpeace oder Lichtblick anrufen und den Strom ummelden: Das ist schnell gemacht.

*Stankowski:* Viele Vorschläge in unserem Buch haben mit Vernunft zu tun. So hektisch du auch lebst und so wenig Zeit du auch hast – du willst ja nicht unvernünftig sein. Dann erst kommt die zweite Stufe, über das Notwendige hinaus etwas tun zu wollen. Aber da führt Franz ja immer das schöne Zitat von Augustinus an: »Niemand soll mehr tun, als seine eigenen Möglichkeiten zulassen.«

*Meurer:* »Ultra posse nemo tenetur.«

*Stankowski:* Das ist einer der Fehler der traditionellen Linken gewesen: Sie haben zu viel gefordert. Daher haben wir nur Beispiele aufgenommen, die drei Bedingungen erfüllen. Sie sind überschaubar. Sie sind zeitlich begrenzt, und sie verschaffen mir selbst einen Vorteil.

*Becker:* Also eine Symbiose aus Altruismus und Egoismus.

*Kraiczek:* Ihr habt mich überzeugt. Ich bin jetzt Weltverbesserin, weil's mir selbst damit besser geht. Ich muss den ganzen Kram nicht ausprobieren, sondern ich nehme eure überschaubare Werkzeugkiste zur Hand. Aber leider bin ich ziemlich faul: Muss ich denn das ganze Buch studieren?!

*Stankowski:* Es sind fast 100 einzelne Geschichten, mal kürzer, mal länger. Es gibt keine Hierarchie der Vorschläge. Sie stehen völlig disparat nebeneinander. Wie bei einem Kochbuch: Jeder hat die Möglichkeit, sich das Rezept, das ihm besonders gefällt, rauszusuchen.

*Becker:* Also für mich ist das so ein Buch, das auf dem Klo liegt. Dort habe ich 'ne Auszeit, da bin ich für mich alleine. Und dann erfahre ich zum Beispiel, dass in der Kirchengemeinde vom Franz 130 Jugendliche den Gabelstapler-Führerschein gemacht haben. Das finde ich enorm, und ich kann mir überlegen: Wo könnte man das noch machen? Dass Jugendliche ohne Schulabschluss überhaupt mal eine Prüfung in ihrem Leben bestehen, ist ja für viele schon ein ganz großer Schritt. Und vielleicht ist das »Flurförderfahrzeug« für sie ein Sprungbrett.

*Meurer:* Wobei mich allerdings schon eine gesellschaftspolitische Frage umtreibt. Wir werden über kurz oder lang nicht umhinkommen, den Menschen, die heute als »Wohlstandsmüll« bezeichnet werden – schon jetzt ein Drittel der Gesellschaft –, eine Partizipationsmöglichkeit zu geben. Eine Gesellschaft, die nicht in der Lage ist, die Ressourcen der Alten, der Intellektuellen und der Besitzenden für die einzusetzen, die zu kurz kommen, geht kaputt. Wir merken langsam, dass unsere Art des kapitalisierten Wirtschaftens keine Zukunft hat.

*Stankowski:* Dann stellt sich natürlich die Frage, ob wir die Trüffelschweine der Marktwirtschaft oder die Minensuchhunde sind, die genau die Stellen rausarbeiten, die diese Gesellschaft überlebensfähig machen. Da ist doch ein Dilemma: Einerseits sagen wir, es geht so nicht weiter. Andererseits zeigen wir verschiedene kleinere Abkürzungen aus der Sackgasse. Ob die insgesamt ein Ausweg sind, weiß man aber nicht.

*Kraiczek:* Ich denke gerade an den Unternehmer, der den Gabelstapler spendet. Der macht das ja, weil er als böser Kapitalist ein schlechtes Gewissen hat, sich aber gut fühlen möchte. Sind Weltverbesserer letzten Endes nur Leute, die ein »besseres« schlechtes Gewissen haben?

*Becker:* Man muss zu seinen Fehlern stehen. Ich zum Beispiel habe überhaupt keine Lust, permanent Gutmensch zu sein. Ich fahre beruflich sehr viel Auto, und ich weiß genau, dadurch erhalte ich einerseits Arbeitsplätze in der Automobilindustrie, aber andererseits stehen in Bangladesch die Leute irgendwann im Wasser. Aus diesem Dilemma komme ich nicht raus. Aber ich kann etwas anstoßen, was in die positive Richtung geht. Dass irgendwann die Leute sagen: »Uns steht das Wasser bis zum Hals, aber die Qualität ist ausgezeichnet.«

*Meurer:* Über das Schuldgefühl darf es nicht laufen.

*Stankowski:* Ich bin auch sicher, dass Schuldgefühl keine Voraussetzung ist, ich halte das nach wie vor für einen Trick der Religion, Schuld zu produzieren, um diese in ihrem Sinne zu nutzen. Unser Ansatz ist, eigene Vorteile zu zeigen. Es fängt bei ganz banalen Sachen an: Du bist im Supermarkt, es gibt drei Schlangen an der Kasse, und du fragst dich reflexartig, wo geht es am schnellsten. Wir schlagen aber vor, sich absichtlich an die längste anzustellen. Dadurch gewinnt man Zeit, weil man sich Zeit nimmt.

*Becker:* Die Freude an der guten Idee kann der Motor sein. Oder an der Verzückung, wenn etwas klappt.

*Kraiczek:* Das wäre dann vielleicht die neue Haltung der Weltverbesserer?

*Becker:* Ich meine, ja. Bei mir ist es jedenfalls die Lust, Ideen umzusetzen, oder das Glücksgefühl, wenn einem eigene einfallen.

*Meurer:* Ich habe mich vor kurzem mit einem Kaufhauschef unterhalten. Der sagte: »Produkte sind nicht das Thema. Das Marketing ist das Problem, das heißt rüberzubringen: Wenn du dieses Ding besitzt, ist dein Leben besser und schöner.« Und genau so müssen wir soziales Marketing machen. Letztlich geht es um die Frage: Wodurch bist du was? Heute heißt es leider: Du bist, was du besitzt, du bist, wie du aussiehst.

*Stankowski:* Das ist leider sogar eine Klassenfrage. Das Grundproblem ist, dass wir nach wie vor in einer Klassengesellschaft leben. Es gibt meines Erachtens nur einen Weg da raus, nämlich die Güter dieser Welt gerechter zu verteilen. Und das geht nur über Umverteilung. Aber wenn du heute von »Umverteilung« sprichst, springen dir alle mit dem nackten Arsch ins Gesicht, alle, quer durch die Bank.

*Becker:* Deswegen zum Beispiel der Vorschlag, dass sich Bürgerinnen und Bürger, z.B. Rentner oder Freiberufler, um Hauptschüler kümmern könnten. »Spielt doch mit den Schmuddelkindern!« Das ist eine Form von Umverteilung, die freiwillig ist. Ich versuche das. Die ersten Ansätze stimmten mich sehr glücklich.

*Stankowski:* Wir entwickeln in diesem Buch natürlich kein neues Gesellschaftsmodell. Wir machen nur Vorschläge, wie unsere Gesellschaft besser, d.h. sozialer, funktionieren könnte. Nicht mehr, aber auch nicht weniger.

*Kraiczek:* Was ist denn euer persönlicher Wunsch, was mit dieser Werkzeugkiste zur Verbesserung der Gesellschaft in der Zukunft passieren soll?

*Becker:* Für mich ist dieses Buch eine Art Starter-Kit. Ich würde mich freuen, wenn die Leser angeregt werden, eigene Ideen zu entwickeln, wenn im Internet eine virtuelle Erfindermesse mit neuen Vorschlägen entsteht und hinterher jeder einen Rollenkoffer voller Geld hat – nicht nur im übertragenen Sinne. Erfinden soll Volkssport werden.

*Meurer:* Wenn unsere Arbeit den Lesern Mut machen könnte, ihre Nächsten zu lieben, um die Eigenliebe zu entdecken – dann wäre ich glücklich.

*Stankowski:* Mein Traum ist, dass Bahnchef Mehdorn hunderttausend Stück kauft, locht und es wie die Bahn-Zeitung in jedem Zug aushängt. Beim Lesen könnte sich die Zeit, die man beim Bahnfahren gegenüber dem Fliegen eh gewinnt, sozusagen potenzieren.

# Inhalt

## Impulse aus den USA gesucht
## Oder: Zivilgesellschaft als Quelle für Inspiration

Impulse und Lösungen für gesellschaftliche Herausforderungen im deutsch-amerikanischen Austausch zu finden, darauf setzt die Hamburger Körber-Stiftung seit 1998 mit ihrem Transatlantischen Ideenwettbewerb USable. Preis- und Fördergelder, Beratung und ein Alumninetzwerk unterstützen die Preisträger dabei, eigene Projekte nach amerikanischem Vorbild zu realisieren.

USable ist ein Forum für Menschen, die – angeregt von persönlichen Erfahrungen in den USA – Probleme vor ihrer eigenen Haustüre anpacken und einen Beitrag für ein besseres Zusammenleben leisten.

Vorbild USA? Beim Transatlantischen Ideenwettbewerb USable gerät jenseits der Tagespolitik ein Amerika in den Blick, das viele engagierte und serviceorientierte Initiativen hervorbringt: die Zivilgesellschaft fördern, politische Partizipation ermöglichen, in Bildung und Erziehung neue Impulse setzen, Familie und Generationen in den Blick nehmen oder Hochschule neu gestalten. Warum also das Rad für Deutschland neu erfinden?

Mit dem Transatlantischen Journalistenpreis USable prämiert die Körber-Stiftung außerdem Journalisten, die über die amerikanische Zivilgesellschaft schreiben; die ein Bild vom »anderen« Amerika zeichnen – und so unsere Sichtweise über das Land und seine Menschen öffnen.

Preise und Fördermittel im Gesamtwert von 150.000 Euro stehen pro Wettbewerbsrunde zur Verfügung.

**www.usable.de**

## Jürgen Becker
## Ja, was glauben Sie denn?

Ein Religions-TÜV
KiWi 995

Plötzlich ist die Religion wieder da – und kommt gefährlich in Fahrt. Wer als geistiger Endverbraucher nicht überrollt werden will, braucht klare Sicht, damit er nicht zu früh im falschen Himmel landet – und dann im himmlischen Elferrat womöglich neben den falschen Leuten sitzt. Beckers Rat: Wer auf der Suche nach dem Sinn weiterkommen will, muss nach dem Unsinn suchen – und hat plötzlich einen Heidenspaß!

»Wer diesen Religions-TÜV besteht, muss sich um seine Zukunft hienieden keine allzu großen Sorgen machen.« (Kölner Stadt-Anzeiger)

»Ein höchst vergnüglicher Parforceritt durch Glaubensgeschichte und -geschichten, den keiner versäumen sollte. Deutschland kann sich freuen.« (taz)

***

## Franz Meurer, Peter Otten, Silvana Becker (Hg.)
## Ort Macht Heil

Ein Lese- und Praxisbuch über lebensraumorientierte Pastoral
in Köln-HöVi (Höhenberg-Vingst)
LIT VERLAG, Berlin
ISBN 3-8258-8238-1

In den Kölner Stadtteilen Höhenberg und Vingst (»HöVi«) leben 23.500 Menschen unter oft schwierigen sozialen, wirtschaftlichen und persönlichen Bedingungen. Die Kirchengemeinden dort verstehen unter pastoraler Arbeit, gemeinsam mit den Menschen des Viertels den Lebensraum positiv zu gestalten. Die Menschen übernehmen Verantwortung und üben Solidarität. Dadurch wird nicht nur das Viertel schöner, auch der Respekt voreinander kehrt zurück.

In diesem Buch berichten vor allem die Beteiligten selbst, wie lebensraumorientierte Pastoral zum Motor bürgergesellschaftlichen Engagements wird und ein ganzes Stadtviertel prägt. Andere Beiträge versuchen, den Begriff der Lebensraumorientierung auch theologisch und soziologisch zu bestimmen.